Als Inge und Mira sich zufällig in einer Gärtnerei in der Nähe von Stockholm kennen lernen, haben beide Frauen schon viel erlebt. Sie waren beide verheiratet, sie sind Mütter, und sie haben auch beide von den Schattenseiten des Lebens erfahren. Zwischen diesen beiden so unterschiedlichen Frauen entwickelt sich eine enge Freundschaft. Inge ist Schwedin, sie hat lange Jahre als Lehrerin gearbeitet und schreibt jetzt Bücher. Mira ist mit ihrer Familie nach Pinochets blutigem Militärputsch aus Chile geflüchtet und hat in Schweden ein neues Leben begonnen.

Je enger die Freundschaft und je größer das Vertrauen der beiden Frauen zueinander wird, umso mehr forschen sie gemeinsam in ihrer Vergangenheit und stoßen auf verdrängte Erinnerungen an schreckliche Ereignisse. Trotz ihrer ganz verschiedenen Lebensgeschichten merken sie, wie nah sie sich in ihren Empfindungen und Erfahrungen sind. Und so hilft ihnen die Freundschaft, ihre Vergangenheit zu erkunden, mit ihr umzugehen und ihr Leben zu leben.

Marianne Fredriksson hat einen ergreifenden und spannenden Roman über die Kraft der Freundschaft geschrieben, der in seiner überwältigenden Eindringlichkeit auch das eigene Leben mit all seinen Erinnerungen in neuem Licht erscheinen lässt.

Marianne Fredriksson wurde 1927 in Göteborg geboren. Sie ist verheiratet und hat zwei Töchter. Als Journalistin arbeitete sie lange für bekannte schwedische Zeitungen und Zeitschriften. 1980 veröffentlichte sie den Roman ›Eva‹, den ersten Band ihrer Trilogie über die »Kinder des Paradieses«, dem die Bände ›Abels Bruder‹ und ›Noreas Geschichte‹ folgten. Seitdem hat sie viele erfolgreiche Romane geschrieben.

Lieferbare Titel im Fischer Taschenbuch Verlag: ›Hannas Töchter‹ (Bd. 14486), ›Simon‹ (Bd. 14865), ›Maria Magdalena‹ (Bd. 14958), ›Marcus und Eneides‹ (Bd. 14045), ›Eva‹ (Bd. 14041), ›Abels Bruder‹ (Bd. 14042), ›Noreas Geschichte‹ (Bd. 14043), ›Sintflut‹ (Bd. 14046 – Juni 2002) sowie die Großdruckbände ›Hannas Töchter‹ (Bd. 15151) und ›Marcus und Eneides‹ (Bd. 15152); *und im Krüger Verlag:* ›Mein Schweden‹ und ›Sofia und Anders‹.

Unsere Adresse im Internet: www.fischer-tb.de

Marianne Fredriksson

INGE UND MIRA
Roman

Aus dem Schwedischen von
Senta Kapoun

Fischer Taschenbuch Verlag

Veröffentlicht im Fischer Taschenbuch Verlag,
ein Unternehmen der S. Fischer Verlag GmbH,
Frankfurt am Main, März 2002

Lizenzausgabe mit Genehmigung des
Wolfgang Krüger Verlags, Frankfurt am Main
Die schwedische Originalausgabe erschien 1999
unter dem Titel ›Flyttfåglar‹
im Verlag Wahlström & Widstrand, Stockholm
© Marianne Fredriksson 1999
Published by arrangement with Bengt Nordin Agency, Sweden
Deutschsprachige Ausgabe:
© Wolfgang Krüger Verlag GmbH, Frankfurt am Main 2000
Druck und Bindung: Clausen & Bosse, Leck
Printed in Germany
ISBN 3-596-15236-4

Mein besonderer Dank gilt Luisa, die mir Farben und Düfte, Gedanken und Erinnerungen an jenes Chile zu vermitteln vermochte, das sie einmal verlassen hat – und die mir auch den Reichtum meines Landes Schweden vor Augen führen konnte, indem sie sich und ihren Kindern dort eine neue Existenz schuf.

Es ist aber nicht ihr Leben, das ich hier schildere. Ich habe einen Roman geschrieben und somit der Phantasie keine Grenzen gesetzt. Meine Absicht ist es, die Anstrengungen und Bemühungen der Einwanderer aufzuzeigen, die ein neues Land mit andersartigem Lebensstil, ungewohnten Denkweisen zu dem ihren machen wollen.

Vorwort

Dies ist die Geschichte von zwei Frauen, die Freundinnen wurden.

Wo es um Erfahrungen geht, liegen Ozeane zwischen den beiden.

Das Erbe der einen ist das lange Winterdunkel, das der anderen Sonnenschein. Gott selbst trennt sie. Die eine glaubt an die Vernunft und braucht keinen Gott, die andere hält täglich Zwiesprache mit Dem Herrn.

Und doch gleichen sie sich in vielem, sie sind beide geschieden und haben ihre Kinder alleine großgezogen. Und ihr eigentlicher Lebensinhalt ist die unnötige Sorge um die inzwischen erwachsenen Kinder.

Sie sind gleich alt, schon fast fünfzig, haben ihre Falten gezählt und erkannt, dass es langsam bergab geht.

Dass sie sterblich sind. Und dass deshalb die eine wie die andere bei sich selbst Vergebung finden muss.

Die Winterfrau führt ein Tagebuch. Manchmal meint sie, hier Dinge aussprechen zu dürfen, die sie nie zu sagen gewagt hat. Aber das stimmt nicht. Sie hat nie ein Blatt vor den Mund genommen.

Vielleicht ist sie auf der Suche nach einem Lebensmuster.

Auf das Vorsatzblatt hat sie geschrieben: »Woher kommt dieses Verlangen, ein Leben widerzuspiegeln, das auch das Leben so vieler anderer Frauen war? Will ich die Rückseite des Spiegels erkunden?«

Sie findet nur selten Antworten, füllt aber weiterhin Seite um Seite. Mit den kleinen täglichen Ereignissen und den großen Fragen des Daseins.

Am 28. März 1988 schreibt sie: »Heute regnet es, der Schnee weicht Fleck für Fleck. Bilde ich es mir ein, oder steigt wirklich ein Duft von Frühling aus der schwarzen Erde?«

Ganz unten auf der Seite steht: »Was eigentlich wird verletzt, wenn man verletzt wird?«

Die andere, die Sonnenfrau, schreibt kein Tagebuch, obwohl ihr sogar zwei Sprachen geläufig sind. Sie denkt spanisch und flucht auf Schwedisch. Sie würde sich aber nie die Frage stellen, wie Verletzung sich äußert. Sie weiß es, und zwar ganz genau. Und bei dem Gedanken daran steigt jedes Mal die Wut in ihr hoch.

Einige Menschen sind für sie gestorben. Auch Unersetzliche.

Sie hat sie aus ihrem Leben verbannt. Sie haben mit dem neuen Land nichts zu tun.

Ihre Einstellung zu Schweden ist ebenso gespalten wie das Verhältnis zu ihrem Heimatland: Sie hasst es und sehnt sich danach.

Die großen Wahrheiten interessieren sie nicht. Ihr Dasein war immer mit der Notwendigkeit erfüllt, zu überleben.

Das Auffallendste an ihrem Gesicht sind die unersättlichen Augen. Dieser Appetit schenkt ihr große Freude.

Trotzdem weiß sie besser als viele andere, dass Freude und Angst mit dem Tod verknüpft sind. Und dass deshalb jede Entscheidung wichtig ist.

Sie spricht Abend für Abend mit Gott.

Aber sie weiß nicht sicher, ob sie an ihn glaubt.

Wir lernen einander in der Gärtnerei kennen.

Zwischen uns steht ein Tisch auf Rädern, drei Meter breit und sicher acht Meter lang. Er ist bedeckt mit Tausenden Stiefmütterchen, einem wogenden Meer von gelb gestreiftem Blau und Violett, wie Sonnengeglitzer auf Wasser.

Sie steht mir gegenüber. Ihr Gesicht spiegelt meine eigene Freude wider, und ich zeige mit gestrecktem Arm auf die Blumen und sage, das sei unglaublich. Sie antwortet mit einem blendend weißen Lächeln, sagt, dass fast nichts auf der Welt solche Lebensfreude vermittle wie Blumen.

»Höchstens kleine Kinder«, fügt sie hinzu.

Ich kann mir ihre Worte nicht ganz erklären, obwohl sie gut schwedisch spricht. Allerdings mit einem kleinen Akzent, und nun sehe ich, dass sie eine Einwanderin ist, vermutlich Chilenin.

»Der Gedanke ist mir noch nie gekommen«, sage ich. »Aber ich glaube, du hast Recht.«

Dann hören wir den Wind am Dach des hohen Gewächshauses klappern und sind uns einig, dass es noch zu früh ist, Stiefmütterchen zu pflanzen. Es friert noch jede Nacht.

»Und dann dieser Wind«, sagt sie.

Wir wickeln uns fester in unsere Jacken und gehen geduckt zwischen den Glashäusern zum Laden.

»Ich heiße Ingegerd«, sage ich. »Meistens nennt man mich Inge.«

»Ich heiße Edermira, aber hier in Schweden wird es zu Mira.«
Wir nicken zustimmend. Ich bin neugierig auf sie.

Kurz darauf spricht sie schnell und lebhaft mit dem Mädchen hinter dem Ladentisch, fragt nach Zwiebeln für … Jetzt muss sie innehalten, schließt einen Moment lang die Augen und nennt einen Namen. Spanisch.

Das Mädchen verzieht die Mundwinkel zu einem unsicheren und gleichzeitig verächtlichen Lächeln. Dann lacht sie auf, zuckt mit den Schultern und wendet sich an mich: »Verstehst du, was sie sagt?«

Ich antworte verlegen und schamrot: »Sie fragt nach dieser blauen afrikanischen Lilie.«

Ich versuche Miras Blick einzufangen und sage: »Diese Gärtnerei ist auf Tulpenzwiebeln spezialisiert. Komm, gehen wir.«

Aber meine Stimme versagt, als ich ihren Zorn sehe, blauschwarzen Zorn mit rotem Einschlag, wie entfesselte Elektrizität, die alles an ihr zum Knistern bringt. Ich beginne zu ahnen, welche Energien in ihr schlummern.

Wir gehen. Kämpfen gegen den Wind an, der durch Jacken und Wollpullover dringt.

Ich friere.

Mira scheint die Kälte nichts auszumachen.

Unten am Strand blinzelt die Sonne durchs Grau. Wir finden eine windgeschützte Klippe und wenden die Gesichter dem Licht zu. Ich möchte ihr so vieles sagen, wie sehr ich mich schäme, und dass es bei allen Völkern dumme Menschen gibt, und dass das Gärtnermädchen nur einfältig, aber nicht boshaft ist.

Befangen, fällt mir dazu ein.

Aber ich schweige, es sind ja alles nur Worthülsen, die weder Samen tragen noch Spuren hinterlassen. Ein Gefühl von Hilflosigkeit rumort in meinem Bauch: Nichts kann zurechtgerückt werden.

Impulsiv lege ich Mira den Arm um die Schultern, weiß aber sofort, dass ihr das zu viel ist. Also ziehe ich ihn zurück und zeige in den Himmel: »Siehst du die Möwen? Die sind auf der Jagd nach Regenwürmern. In meinem Rasen.«

Aber das interessiert Mira nicht. Sie sagt: »Ich bin so höllisch auf meine Würde bedacht.«

Jetzt kreischt die Möwenschar über unseren Köpfen, und ich muss schreien, um mir Gehör zu verschaffen: »Das bin ich auch. Ich glaube, es ist eine Alterserscheinung.«

Dann schweige ich, schäme mich wieder, füge hinzu: »Klar gibt es Unterschiede …«

»Ja. Ich denke, Ihnen wird überall Respekt entgegengebracht.«

Eine Antwort erübrigt sich.

Der Sonne gelingt das Unmögliche, sie bricht den Himmel auf und färbt ihn violett.

Auch die See färbt sich bläulich.

Wir lächeln einander zu, ich sehe, dass der Schimmer auf der honigfarbenen Haut wieder da ist. Und dass die hübsche Kurzhaarfrisur sich wieder zurechtlegt.

»Im Herbst war ich auf Madeira«, sage ich. »Im November, wenn es hier am unerträglichsten ist. Im Bazar von Funchal habe ich mir zehn Knollen Agapanthus africanus gekauft. Sie stehen in Töpfen in meinem Glashaus, und mindestens drei haben schon grüne Triebe. Komm mit und such dir zwei davon aus.«

Dann erschrecke ich, weil das vielleicht zu großspurig geklungen hat, und füge hinzu: »Du musst wissen, ich habe nur ein Reihenhaus mit einem kleinen Garten. Dort ist nicht genügend Platz für weitere zehn Töpfe. Und diese Afrikaner wachsen sich ja zu richtigen Büschen aus.«

Jetzt können wir endlich lachen.

Wir stehen auf und setzen unseren Weg am Strand entlang fort. Sie geht schnell, macht lange Schritte, zielstrebig.

Ich bleibe zurück, rufe: »Nicht so schnell!«

Sie bleibt stehen und wartet auf mich, kichert entschuldigend.

»Hast du aber eine Kondition«, sage ich.

Später sollte ich lernen, dass die langen Schritte ihre natürliche Gangart sind. Sie rennt auch in geschlossenen Räumen, auf Treppen, über den Rasen wie ein Hürdenläufer.

»Ich habe immer solchen Tatendrang«, sagt sie.

Dann ist der Uferpfad zu Ende und geht in eine Villenstraße über. Ich bleibe stehen, schaue auf die weite Wasserfläche hinaus, sage: »Ich bin am Meer geboren. Es zieht mich an, manchmal habe ich das Gefühl, es ist ein Teil meiner selbst. Ich empfinde eine Art Verwandtschaft.«

Jetzt werde ich verlegen, aber sie hört voller Ernst zu, nickt, als verstünde sie es: »Ich bin auch am Wasser aufgewachsen. Es war ein Fluss. Als Kind bin ich immer heimlich ans Ufer gegangen. Obwohl es mir verboten war.«

Ihr Blick verliert sich in Erinnerungen, und ich sehe zum ersten Mal, dass ihre Augen nicht so braun sind, wie ich dachte, dass sie einen grünen Schimmer haben.

»Ich liebte den Gedanken, dass der Rio Mapocho aus den Bergen kommt, dass er sich auf den Andengipfeln durch den Schnee bricht. Den Steilhängen verdankt er seine Schnelligkeit, und er wächst zu einem mächtigen Strom heran. Oben in den Bergen ist der Fluss rein und das Wasser klar.«

Sie schweigt eine Weile, das Gesicht verschließt sich.

»Aber dann fließt der Rio Mapocho durch die Stadt Santiago und muss tonnenweise Dreck mitnehmen. Wenn er den Vorort erreicht, in dem ich aufgewachsen bin, ist er braun und träge geworden.«

Ich nicke und sage, dass auch meine Gewässer verschmutzt sind, dass die ganze Ostsee verunreinigt ist und dass es auf den Meeresböden angeblich kein Leben mehr gibt.

»O lieber Gott«, sagt sie. Aber ihre Stimme klingt eher ironisch und ich schweige.

Wir schweigen noch immer, als wir das letzte Stück bis zu meinem Haus zurücklegen und sie ihre Schritte den meinen anzupassen versucht. Plötzlich sagt sie: »Ich glaube, Sie kennen meinen Fluss vom Fernsehen her. Pinochets Soldaten haben die Ermordeten einfach in den Mapocho geworfen.«

Ich wage nicht einzugestehen, dass ich die Augen schließe, wenn mir die Bilder auf dem Fernsehschirm unerträglich werden.

2

Ich bin stolz auf mein Treibhaus. Nicht weil es etwas Besonderes ist, es ist weder schön noch groß. Aber es besteht aus Panzerglas, hat Fußbodenheizung und Dachfenster, die sich selbsttätig öffnen, wenn es drinnen zu warm wird. Während der kalten Jahreszeit stehen meine Topfpflanzen dort und die Orangenbäumchen mit ihren gelben Früchten, die Zitronen, die richtige Dauerblüher sind. Und duften.

Jetzt, zu Beginn des Frühjahrs, dient das Glashaus dem Kultivieren der Aussaat. In den Torftöpfchen auf Bänken und Wandbrettern keimen die Samen der einjährigen Pflanzen, die irgendwann im Juni in den Garten gesetzt werden, wenn kein Nachtfrost mehr zu befürchten ist.

Kapuzinerkresse hängt über einen Topfrand und öffnet ihre feuerroten Blüten.

»Wie schön es hier ist!«, sagt Mira und es klingt glücklich.

Ich sage ihr, dass das für mich die einzige Möglichkeit ist, das lange Warten zu ertragen. Im langen, langsamen schwedischen Frühling.

Mira erzählt mir, dass sie eine Glasveranda in Südwestlage hat. Dort gibt es einen langen Tisch, und nun stellt sie sich vor, dass an jedem Ende dieses Tisches eine afrikanische Lilie stehen wird. Dazwischen sollen rosa Geranien blühen.

Mit der Zeit begreife ich, dass Mira Symmetrie liebt.

Wir sehen uns gemeinsam meine überwinterten Geranien an. Sie sehen abgestorben aus.

»Am Wochenende werde ich mich ihrer annehmen«, sage ich. »Sie zurückschneiden und in größere Töpfe umpflanzen.«

»Leben die denn noch?« Mira klingt verwundert.

»Verlass dich drauf«, sage ich und fange an zu erklären. Ich klinge wie eine Lehrerin und verabscheue diese Stimme.

Also halte ich den Mund und wende mich den Knollengewächsen aus Madeira zu. Wir sehen sofort, dass die Wurzeln kurz davor sind, die Torftöpfchen zu sprengen.

»Sie entwickeln sich wunderbar!«, jubelt Mira. Und ich sage, dass ich große Tontöpfe und neue Blumenerde kaufen muss.

Wir einigen uns, dass Mira in etwa einer Woche wieder herkommt, um zu sehen, wie die Pflänzchen das Umtopfen vertragen haben.

»Hättest du gern eine Tasse Kaffee?«

»Bitte.«

Wir gehen durch die Küchentür, ich stelle Wasser auf.

»Es gibt leider nur Pulverkaffee.«

»Haben Sie keinen Tee?«

Ich wühle im Vorratsschrank und finde tatsächlich eine ganze Tüte Tee. Und eine Packung amerikanische Kekse, zwar alt, aber immerhin …

»Wohnen Sie hier alleine?«

Wie, um Himmels willen, kann ich sie dazu bringen, du zu mir zu sagen, denke ich, wage aber keinen Versuch.

»Ja, ich bin geschieden.«

»Das bin ich auch.«

Unsere Blicke begegnen sich, und bald beginnen wir, wie alle Frauen es tun, von unseren Kindern zu erzählen.

»Ich habe zwei Töchter, schon erwachsen.«

»Ich habe zwei Söhne«, sagt sie, und ich höre ihrer Stimme an, dass sie stolz ist. Ihr Gesicht leuchtet auf, wird aber gleich wieder ernst.

»Sie sind schon richtige Schweden geworden.«

»Aber das ist doch gut?«

Ich höre selbst, wie es klingt.

»Doch«, sagt sie. »Mag sein. Aber manchmal beunruhigt mich das. Zum Beispiel wenn ihnen auf diese schwedische Art alles egal ist. Ein Chilene darf nicht naiv sein.«

»Meinst du, dass deine Söhne hier in Schweden benachteiligt werden?«

Jetzt wird sie verlegen, gibt aber nicht klein bei.

»Das ist nie vorgekommen. Noch nie.«

Ich wage nicht zu lachen, aber sie tut es.

»Manchmal bin ich entsetzlich dumm.«

Ich schweige, denke aber, dass Mütter immer nach einer Begründung für ihre Sorgen suchen.

Ganz unvermittelt sagt sie: »Ich habe immer wieder das Gefühl, dass ich neu geboren wurde, als ich nach Schweden kam und meine Menschenwürde erhielt.«

Sie lächelt entschuldigend, als schämte sie sich der feierlichen Worte: »Sofern man noch geboren werden kann, wenn man schon Kinder hat und über dreißig ist.«

»Erzähl mir davon.«

»Wir kamen vom dänischen Flughafen Kastrup auf dem Bahnhof von Malmö an. Es war merkwürdig dunkel, obwohl es schon nach neun Uhr morgens war. Plötzlich hörten wir Musik und sahen eine Menschenmenge mit einer Heiligenfigur auf uns zukommen.

Ich dachte nur, sie jedenfalls sind Christen.

Als sie näher kamen, sah ich, dass die Heilige mit ihren eigenen Beinen lief und elektrische Kerzen im Haar hatte. Das Seltsame war, dass sie sang, laut und falsch, obwohl eine Musikkapelle ihr den Ton vorgab.

Außerdem war sie ziemlich dick.

Ich versuchte zu verstehen und kam zu dem Schluss, dass hier in diesem Land die Heiligen gewöhnliche Menschen sind. Ich fand das großartig.«

»Erzähl weiter«, sage ich, als wir uns ausgekichert haben.

»Nun, unser Zug setzte sich in Bewegung und wurde schneller, dum, dum, schneller, immer schneller. Aber die Dämmerung ließ lange auf sich warten. Sie schlich sich so vorsichtig an, dass ich dachte, irgendwann wird sie sich's noch anders überlegen.

Und das stimmte irgendwie auch.

Zum ersten Mal in meinem Leben sah ich Wald. Es hatte geschneit, und die Bäume waren schwer von diesem Weiß. Und wie weiß es war!«

Miras Gesicht drückt immer noch Erstaunen aus.

»Ich hatte zu Hause vom Fenster aus Schnee auf den Gipfeln der Anden gesehen. Als Kind reimte ich mir Geschichten über dieses Weiße zusammen, das in der Dämmerung blau wurde. In weiter Ferne, unmöglich zu erreichen.«

Miras Blick verliert sich.

»Mutter behauptete, dass alles nur gefrorener Regen sei. Und von Vater hörte ich, dass dort oben wilde Indianer lebten, Chiles berühmte Krieger, die sowohl die Inkas als auch die Spanier besiegt hatten.«

Ich schenke Tee nach und zünde auf dem Küchentisch Kerzen an. Gerade will ich sagen, dass ich mehr über die Indianer wissen möchte.

Aber Mira bleibt bei ihrem Thema. Und ich merke, dass ihre Erinnerung aus Bildern besteht, dass sie ein fotografisches Gedächtnis hat. Und einer Bilderflut, die keine Unterbrechung duldet.

»Wir blieben irgendwo auf einem Bahnhof stehen, und nichts konnte meine Söhne daran hindern, ins Freie zu stürmen. Sie waren wie von Sinnen, hüpften in dem Weiß herum, ballten es mit den Händen zusammen, leckten daran, riefen: ›Wie Softeis, Nana.‹

Dann kamen sie ins Abteil zurück, nass und durchgefroren.

Und der Zug rollte weiter durch die Wälder. Aber nach einigen Stunden öffnete sich die Landschaft, wir fuhren an schönen roten Häusern mit großen Stallungen vorbei, Herrensitze, dachten wir. Durch die Ortschaften fuhren wir langsamer. Dort gab es elegante Villen. Und höhere Wohnhäuser mit großen Fenstern und Balkons, auf denen Tannenbäume standen.

Ich erinnere mich, dass ich dachte, wo wohnen hier nur die gewöhnlichen Leute? Die Armen.«

Sie lacht. Und was vom Lachen übrig bleibt, reicht für ein Lächeln, als sie weiterspricht: »Dann geschah etwas Überraschendes. Der Schaffner kam in unseren Wagen und sagte, irgendwo sei ein Chilene zugestiegen. Der Schaffner versuchte es mit Zeichensprache, wir verstanden nicht richtig, was er meinte, aber es wirkte freundlich. Und dann kam ein Mann herein, der uns auf Spanisch begrüßte. Er heiße Luis, sagte er. Und sei in Valparaiso geboren.

Wir waren nicht allein gelassen in diesem fremden Land.

Er sagte uns, dass es in Schweden viele Chilenen gebe.

Er selbst lebte schon seit zehn Jahren hier und war schwedischer Staatsbürger.

Wir konnten hören, dass er stolz darauf war.

Wir waren zu achtzehnt unterwegs, und die Männer stellten viele Fragen. Luis schien auf alles eine Antwort zu wissen. Er sprach von Politik und Demokratie, von Einwanderungsbehörden und Aufenthaltsgenehmigungen. Das sagte mir nichts.

›Die Schweden wissen eine Menge über Chile, vom Militärputsch und den Folterungen und davon, dass viele Menschen spurlos verschwinden. Sie haben in ihren Zeitungen darüber gelesen und das ganze Inferno im Fernsehen verfolgen können‹, erklärte Luis.

Ich schämte mich. Ich wusste nichts über Schweden. Hatte nie von diesem Land gehört. Aber Luis sprach weiter, sagte, Schweden sei ein gutes Land, und vieles, was Allende sich für Chile erträumt habe, sei hier schon Wirklichkeit.

Aber dann sagte er – und da merkte mein ganzes Ich auf –, dass in Schweden die Frauen dieselben Rechte hätten wie die Männer. Sie verdienten eigenes Geld und trafen ihre Entscheidungen selbst.

›Hier sitzen auch Frauen in der Regierung‹, sagte er und lachte über unser Erstaunen, erzählte dann aber weiter, dass lateinamerikanische Männer nicht selten mit der schwedischen Polizei in Konflikt kämen. Hier sei es nämlich gesetzlich verboten, eine Frau zu schlagen.

›Und wenn sie ihm untreu ist?‹

Es war ein jung verheirateter Mann, der das fragte.

›Dann hat sie ein Recht dazu. Sie entscheidet selbst über Leib und Leben‹, antwortete Luis.

›Das ist ja absolut verrückt!‹, schrie der junge Mann und ringsum stimmte man ihm aufgebracht zu.

›Aber denkt doch einmal nach‹, wandte Luis ein. ›In Chile werden Männer wegen Untreue nicht bestraft. Und ich habe schon gesagt, dass hier in diesem Land Frauen dieselben Rechte haben wie Männer.‹

Ab und zu übertönte das Lachen einer Frau die aufgeregten Männerstimmen. Ich selbst war so erstaunt, dass mir der Mund offen stand und ich nicht sprechen konnte. Ich schielte zu meinem Mann hinüber, doch der war ganz in sich versunken. Also konnte ich in das Lachen der Frauen einstimmen.

Ich hätte gerne Fragen gestellt, traute mich aber nicht. Alle Frauen hielten ihre Worte zurück, aber ihr Lachen klang immer hysterischer.

Nach einiger Zeit musste Luis in sein Abteil zurückgehen. Er verabschiedete sich und wünschte uns viel Glück. Die kleinen

Kinder waren auf dem Schoß ihrer Mütter längst eingeschlafen. Nur meine Söhne saßen sehr aufrecht auf ihren Sitzen und schienen von Luis' seltsamen Worten verhext zu sein. Mein Ältester, José, legte mir den Arm um die Schultern und sagte, wir schaffen das schon, Nana.

Es gab Tee und belegte Brote. Dann brachte der Schaffner uns Decken und Kissen, und wir machten uns auf den Bänken, so gut es eben ging, ein Bett zurecht. Es war so eng, dass wir Kopf bei Fuß liegen mussten. Wir waren alle sehr müde. Bevor ich einschlief, musste ich noch an das denken, was Luis über die Frauen in Schweden gesagt hatte, und dass da irgendwie ein Zusammenhang bestehen musste mit der Heiligen, die in Malmö auf dem Bahnhof gesungen hatte.

Aber ich konnte den Zusammenhang nicht finden.«

Vor dem Küchenfenster des Reihenhauses senkte sich die Märzdämmerung, die lange blaue Stunde der Wehmut. Wir kochten noch einmal Wasser und tranken eine weitere Tasse Tee, bis Mira aufstand und sagte, sie müsse jetzt gehen, sie möge die Dunkelheit nicht.

Wir tauschten unsere Telefonnummern aus, ich begleitete sie zur Tür. Der Wind hatte sich gelegt, es war kalt und sternenklar.

»Es gibt wieder Nachtfrost«, sagte Mira.

Dann verschwand sie mit langen Schritten auf der Straße. Ich blieb an der Tür stehen und wurde den Eindruck nicht los, dass diese Frau Funken sprühte. Aber das konnte nicht stimmen, sie war ja jetzt nicht zornig.

3

Mira war fassungslos.

Warum hatte sie soviel gesagt? Sie, die die schwedische Art zu reden, ohne dabei etwas auszusagen, jahrelang geübt hatte. Abstand zu halten. Zuzustimmen. Vom Wetter, von der Mode zu plaudern, über die Dunkelheit und das Schneeschaufeln zu jammern. Einfach zu tratschen, nicht über die Nachbarn, sondern über die Leute, die in den Illustrierten abgebildet waren. Mira konnte sich solche Zeitschriften nicht leisten, also konnte sie sich auch keine eigene Meinung bilden. Aber das spielte keine Rolle, sie hatte gelernt, ein bejahendes Gesicht zu machen.

Während ihrer ersten Jahre hier hatte sie viel über die Ausdrucksweise der Schweden nachgedacht. Das Ergebnis war, dass sie niemanden zu nah an sich herankommen lassen wollte.

Anfangs fand sie das gut.

Doch bald kam eine Zeit, in der sie sich größte Mühe gab, es diesen Schweden gleichzutun. Um von ihnen anerkannt zu werden. Nach und nach begriff sie, dass das unmöglich war, sie unterschied sich schon allein durch ihr Aussehen von den Schweden. Und durch die Aussprache. Und ihre Herkunft, ihre Erfahrungen aus einer Welt, in der andere Grundsätze galten.

Die Schweden liebten anders geartete Menschen. Hauptsache, sie waren ihnen gleich.

Zum Teufel, dachte sie auf Schwedisch.

Normalerweise dachte sie spanisch, aber bei Flüchen war sie zu feige dazu.

Was hatte diese Frau an sich, dass es ihr gelungen war, Mira dazu zu bringen, so offen zu erzählen? Inge Bertilsson war interessiert, neugierig und grauenhaft verständnisvoll. Ohne zu verstehen. Deshalb hatte Mira auch die Toten im Fluss erwähnen können.

Verdammt blöde, dachte sie, wieder auf Schwedisch.

Als sie den Schlüssel ins Türschloss ihrer Wohnung steckte, schämte sie sich.

Sie erinnerte sich, dass sie Inge hartnäckig gesiezt und so Abstand zu ihr gehalten hatte. Die Schweden sagten immer du zu einander, und sie duzte sie auch. Normalerweise. Aber es gab gewisse Hemmungen, und die hatten mit Klassenbewusstsein zu tun.

Klassenunterschiede waren etwas, was die Schweden ablehnten. Das ärgerte Mira.

Sie hatte, als sie durch Inges Haus ging, schon auf den ersten Blick erkannt, dass die Einfachheit ihrer Einrichtung reine Angeberei war. Etwas, das man bei besseren Leuten oft beobachten konnte. Weichholzböden, Flickenteppiche, überquellende Bücherregale und Stapel von Büchern auf Tischen und Stühlen. Undefinierbare Bilder, hängemattenähnliche Ruhemöbel mit geflochtenen Gurten statt Polsterungen.

Staub und Unordnung.

Mira hatte bei sich zu Hause weiche Ledersessel und Teppiche mit orientalischen Blumenmustern. Und Ordnung.

Inge gehörte zu diesen reizenden Schweden, deren andauernde Zuvorkommenheit eine echte Freundschaft verhinderte.

Sie sah sich die Fernsehnachrichten an. Hochdruckwetter war angesagt, Sonne. Die Wahrscheinlichkeit von Nachtfrost nahm zu.

Als sie ihr Bett für die Nacht zurechtmachte, fühlte sie sich eher traurig als wütend.

Sie wusch sich, putzte sich die Zähne, zog das Nachthemd an und dachte dabei die ganze Zeit an Inge.

Sie war ein so offener Mensch.

Also ich habe wohl einfach erzählen müssen.

Im Bett sprach Mira wie immer mit Gott. Er fand Inge auch eingebildet.

Bald nach dem Einschlafen kamen die Träume, ein Strudel von Kindheitsbildern. Wie immer waren die Bilder der Nacht, als sie aufwachte, vergangen, doch Licht und Stimmung waren geblieben.

Sie filterte sich ihren Kaffee und blieb am Küchentisch sitzen, gab sich zum ersten Mal seit langem ihren Erinnerungen hin.

Verwundert merkte sie, dass sie immer nur spanisch dachte, dass sich nicht ein einziges schwedisches Wort einschlich.

Sie ist sieben Jahre alt und schlüpft durch das Loch in der Mauer, flink flitzen ihre Füße durch die Gassen, zunächst geradeaus, dann nach links Richtung Fluss. Das ist verboten und daher besonders spannend.

Nun hört sie den Rio Mapocho rauschen, und bald kann sie dem strömenden Wasser mit den Augen folgen. Das ist der Moment, in dem sie sich den Ursprung dieses Flusses hoch oben in den Anden vorzustellen versucht.

Sie denkt auch darüber nach, was er mit seiner Reise bezweckt, wohin er unterwegs sein mag?

Zum Meer, hatte Vater gesagt, zum größten Meer der Welt.

Warum sehnt sich der Fluss nach dem Meer, das ihn verschlingt?

Der Stille Ozean, sie hatte viel über diesen Namen nachgedacht. Und einmal hatte sie ihren Vater nach Valparaiso begleiten dürfen, er besaß damals einen Lastwagen. Da hatte sie es gesehen, dieses endlose Meer.

Von Stille konnte nicht die Rede sein. Der Ozean dröhnte, hohe Wellen schlugen gegen die Felsen.

Das Seltsamste von allem war, dass sie und ihr Vater mit einem Lift hinauf in die Berge fuhren. Es gab siebzehn Lifte, sie wusste es, denn sie hatte sie gezählt.

Hier an den Ufern des Mapocho schaufelten müde, schmutzige Männer den Schlamm aus dem Flussbett, hielten ihn feucht, rührten ihn zu einem Brei, den sie mit Stroh vermengten. Den gossen sie in Holzformen und fertigten auf diese Weise Ziegel, die in der Sonne trocknen mussten. Aus diesen Lehmquadern wurden in den Vororten Mauern und Wohnhäuser errichtet.

Der braune Modder stank, in Ufernähe schwammen tote Katzen und ersäufte Hunde im Wasser. Es war aufregend.

Endlich schaute das Kind nach der Sonne und musste feststellen, dass Stunden vergangen waren. Jetzt traute sie sich erst nach Hause, wenn der Vater von der Arbeit kam, er würde sie vor der Mutter in Schutz nehmen. Mutter konnte sehr böse werden.

Also stahl die Kleine sich in die Gasse zurück, drückte sich in den tiefen Schatten der Mauer, wo die Strahlen der untergehenden Sonne nicht mehr hinreichten. Schnell schlüpfte sie in Gracielas Haus, wo sich, wie immer um diese Tageszeit, die alten Frauen versammelt hatten. Sie hatten so viel zu schwatzen, dass ihnen Mira gar nicht auffiel.

Die Stimmen waren einmal laut, einmal leise, und manchmal schrien sie alle durcheinander, um sich Gehör zu verschaffen. Wenn ihnen eine Geschichte mit vielen unanständigen Wörtern besonders gut gefiel, lachten sie alle laut. Das kleine Mädchen verstand wohl die Wörter, wusste aber nicht, was daran so witzig war.

Meistens jammerten die Frauen allerdings. Und fluchten. Manchmal weinten sie vor Zorn. Und das Kind dachte, dass jede der Frauen mehr als eine Frau war, eine war voller Wut und die andere voller Sehnsucht, aber jede von ihnen war auch noch voller Verzweiflung.

Manchmal schrie eine von ihnen so laut, dass man es noch jenseits der Mauern bei der Mutter des kleinen Mädchens hören konnte, die an der Nähmaschine arbeitete. Die Mutter pflegte zu sagen, der Teufel habe die Schreiende geritten.

Es war aufregend. Jedes Mal wenn Mira in Gracielas Haus in ihrer Ecke saß, wünschte sie sich inständig, das Schreckliche einmal sehen zu dürfen, wenn der Teufel eine Frau ritt.

Sie hatte oft genug zu hören bekommen, dass sie auch einen Teufel im Leib habe. Anfangs war sie darüber erschrocken, aber mit der Zeit stellte sie sich vor, er müsse ein Indianer sein. Mit Indianern konnte man ihr Angst einjagen.

Oder wenn sie in der Schule geärgert wurde. Da schlug sie mit den Armen um sich und schrie, die andern sollten sich vor ihr hüten. Denn ihr Großvater sei ein echter Mapuchekrieger. Und sie, Mira, habe echtes Indianerblut in den Adern.

Daraufhin ließen die anderen Kinder sie in Ruhe.

Es war also ein guter Teufel. Später sollte sie in der Schule lernen, dass jeder Mensch auf der Erde sieben Teufel in sich habe. Und erst wenn man ihnen allen furchtlos begegnet war, könne man seinem Schutzengel gegenübertreten.

Das hatte der Pfarrer gesagt. Und Mira, die nur einen von ihren sieben Teufeln kannte, wusste, dass sie ihrem Engel nie begegnen würde.

Und so war es dann ja auch gekommen, dachte sie und schenkte sich noch eine Tasse Kaffee ein. Dann kehrte sie in Gedanken wieder zu Gracielas Haus zurück.

Jetzt trennten sich die Frauen, die Männer waren schon auf dem Heimweg, und die Frauen mussten schnell ihre Kinder einfangen und Essen kochen.

Das kleine Mädchen fand, dass die Männer leichter zu verstehen waren. Und man konnte sich eher auf sie verlassen. Auch in ihnen steckten allerlei Teufel, aber sie waren weniger unberechenbar. Ihre Teufel steckten in einer Flasche und kamen nur frei, wenn die Männer zu viel von dem roten Wein getrunken hatten.

Wenn sie gar Aguardiente zu sich genommen hatten, diesen Branntwein, den sie mit Pflaumen rot färbten, konnte es gefährlich werden. Anders als die Frauen hatte das kleine Mädchen nie Angst davor. Es konnte sich auf seine schnellen Beine verlassen.

Nach dem Frühstück spülte Mira das Geschirr in ihrer schönen schwedischen Küche und fasste einen Beschluss. Sie würde Inge anrufen. Nicht etwa um sich zu entschuldigen. Sie wollte ihre Hilfe beim Umtopfen anbieten.

4

Inge Bertilsson hatte den Lehrerberuf aufgegeben und verdiente genug durch das Schreiben von Sachbüchern, in denen es im wesentlichen um Schulkinder ging. Sie brachte gute Voraussetzungen für diese Aufgabe mit, hatte sie doch Universitätsstudien in Literatur und Pädagogik absolviert. Am nützlichsten waren ihr aber die langjährigen praktischen Erfahrungen. Ihr gefiel diese Arbeit, aber sie lebte dadurch – besonders jetzt, wo ihre beiden Töchter in England Sprachen studierten – zurückgezogen.

Vielleicht war es ihrer Abgeschiedenheit zuzuschreiben, dass sie sich über die Bekanntschaft mit der undurchsichtigen Südamerikanerin so freute. Nein, das war nicht der richtige Ausdruck, es war eher deren Anziehungskraft, ihr inneres Feuer. Inge suchte nach Worten, gab es schließlich auf und ärgerte sich über ihren ständigen Bedarf an Definitionen.

Als das Telefon klingelte, hoffte sie einen Augenblick lang, es wäre eine ihrer Töchter. Dann ermahnte sie sich selbst, die beiden konnten sich ein Auslandsgespräch gar nicht leisten. Es war wohl eher der Verlag.

Als sie die tiefe Stimme und den Akzent hörte, war sie selbst erstaunt. Wie sehr sie sich freute!

Mira sagte, sie habe sich überlegt, beim Umpflanzen der Geranien und auch der Afrikaner zu helfen. Es war doch eine arge Schlepperei mit Blumenerde und Töpfen.

Dann wurde die Stimme unsicher: »Nur wenn du willst«, sagte sie.

»Ist doch klar, dass ich will«, sagte Inge.

Ihre Stimme wurde lebhafter.

Sie verabredeten sich. Inge würde mit dem Auto vor Miras Tür stehen. Samstagmorgen um zehn.

Sie nannte die Adresse, wusste sie, wo das war?

Ja, sie kannte sich dort aus.

»In Eskilsta gibt es ein Gartencenter. Die sind recht billig. Dort fahren wir hin.«

Mira lachte, sie verstand. Nie wieder die alte Gärtnerei.

Sie sagten tschüss, legten auf. Inge blieb neben dem Telefon stehen, sah den Hörer dankbar an: Mira hatte du gesagt.

Beim Treffen am Samstagmorgen ging es ein bisschen steif zu. Befangen. Inge sprach vom Wetter, wie schön, dass die Sonne schien. Mira fand das auch.

Es war, als brauchten sie etwas Zeit, um eine gewisse Aufregung zu dämpfen.

Nach einer Weile sagte Inge entschlossen: »Das, was du erzählt hast über eure Ankunft in Schweden, ist mir gestern Abend noch lange durch den Kopf gegangen. Du hast das einmalig geschildert … aber ich wurde das Gefühl nicht los, dass du nicht ganz bei der Sache warst … dass du dich anderswo befunden hast?«

Die Frage blieb an der Windschutzscheibe hängen. Mira war dankbar, dass sie Inges Blick nicht zu begegnen brauchte, er war auf die kurvenreiche Straße gerichtet. Aber ihr Mund sprach weiter: »Ich dachte, du hast das alles wohl schon so oft erzählt, dass es für dich wie ein Film ist, der immer wieder abgespult wird?«

Die Fragen blieben in der warmen Luft des Innenraumes kleben. Guter Gott, dachte Mira. Gib, dass wir bald da sind.

Sie wurde erhört. Inge bog in die Einfahrt des großen Gartengeschäfts ein, der Parkplatz war dicht besetzt, und es dauerte eine Weile, bis sie eine Lücke fand.

Aber als sie aus dem Wagen stiegen, dachte Mira an Gott, der sie als großspurig bezeichnet hatte. Und sie sagte: »Es kostet mich Mühe, mich nicht zu erinnern.«

»An die Reise?«

»Ja, das auch. Und an das, was vorher war. Die Erinnerungen haben nichts mit Schweden zu tun, verstehst du?«

»Ich will's versuchen.«

Inge hätte am liebsten gesagt, das müsse ja wie ein Leben in einer doppelten Wirklichkeit sein. Aber sie schwieg und schämte sich, schon wieder war die Annäherung zu heftig ausgefallen.

Jetzt standen sie vor den hoch aufgestapelten Säcken mit Blumenerde. Weiß, schwer, ordentlich, Plastik.

»Ich nehme meistens Zehnkilosäcke. Die großen lassen sich so schwer heben.«

»Mir macht das nichts.«

Im Nu hatte Mira drei Zwanzigkilosäcke auf der Karre.

»Himmel!«, sagte Inge.

Die Töpfe waren erheblich leichter. Fünfzehn mittelgroße für die Geranien, zehn große für die Afrikaner. Auch sie wurden mit Schwung auf eine Karre und weiter zum Auto, in den Gepäckraum befördert.

Wie immer, wenn sie auf einen praktischen Menschen traf, war Inges Handlungsfähigkeit wie gelähmt. Feige verdrückte sie sich zur Kasse und bezahlte.

»Was hat das gekostet?«

»Es war nicht so teuer, ein paar Hunderter.«

»Ich möchte meinen Teil bezahlen.«

Die Schwedin schwieg. Mira sah, dass sie rot geworden war und hörte, dass die Stimme zornig klang, als sie sagte: »Kommt nicht in Frage.«

Sie schwiegen auf der kurvenreichen Rückfahrt zu Inges Reihenhaus. Beide wussten, dass etwas Entscheidendes ausgesprochen worden war, aber keine begriff, worum es eigentlich ging.

Schließlich sagte Inge: »Ich hoffe auf eine Freundschaft. Ein Freund muss ein einfaches Geschenk annehmen können.«

Mira focht einen inneren Kampf, konnte schließlich aber sagen: »Eins musst du wissen. Freunde erregen immer meinen Zorn.«

»Ich werde es mir merken«, sagte Inge und musste laut lachen.

Die ist prima, dachte Mira.

Aber sie machte ein verkniffenes Gesicht und Inge sagte: »Worüber hast du dich denn jetzt wieder geärgert?«

Doch Mira war nicht verärgert, sie hatte Angst.

»Wir brauchen Gummistiefel. Du kannst welche von mir haben, aber sie sind dir wahrscheinlich zu groß. Du brauchst dicke Socken.«

»Ich habe große Füße, drum kann ich auch so schnell rennen.«

Das Gespräch entwickelte sich mit ebensolcher Natürlichkeit wie der Sonnenschein, der im Glashaus fast blendete. Mira schleppte Säcke und Blumentöpfe herbei, Inge füllte eine große Wanne mit Wasser und legte die neuen Tontöpfe hinein.

Sie mussten eine Stunde wässern.

»Inzwischen essen wir einen Teller Suppe.«

5

Inge hatte frisches Brot und Käse zu Hause. Aber sonst nichts außer einer Tütensuppe.

»Die schmeckt meistens recht gut«, sagte sie, während sie die Kochanleitung der Tüte mit kurzsichtigen Augen durchlas. Mira sagte: »Kann ich irgendwie helfen?«

»Ganz wie du willst.«

Mira fand eine kleine Packung Mais im Gefrierschrank, eine Flasche mit einem alten Rest Chilisoße, Koriander in einem Tütchen und ein Stück Räucherfleisch, das sie klein schnitt. Dann schmeckte sie die Suppe mit Salz und Pfeffer ab.

»Petersilie wäre nicht schlecht.«

»Aber die haben wir doch! Einen ganzen Blumentopf voll gleich vor der Küchentür.«

Unmittelbar darauf rief Mira: »Thymian hast du ja auch! Darf ich davon nehmen?«

»Selbstverständlich.«

Als sie am Tisch saßen und sich die Suppe schmecken ließen, sagte Inge:

»Das erinnert mich an ein altes schwedisches Märchen von einem Mann, der aus einem Nagel Suppe kochen konnte.«

Mira lachte.

»Aber bei uns war es kein Nagel«, sagte sie. »Es war eine Tüte.«

Sie lachten immer noch, als sie die Blumentöpfe im Glashaus erst einmal mit Tonscherben auslegten, dann mit Erde füllten und endlich mit dem Pflanzen beginnen konnten. Die ruppigen Geranien sahen trotz aller Fürsorglichkeit armselig aus. Aber die Afrikaner streckten sich. Zumindest kam es Mira so vor.

»Sie haben neue Hoffnung bekommen«, sagte sie.

Sie standen bis über die Knöchel im schlammigen Wasser, hatten schmutzige Hände und Erde im Gesicht, als sich plötzlich Wolken vor die Sonne schoben. Aber es war gar keine Wolke, die jetzt ihren Schatten auf den Eingang des Glashauses warf, es war ein großer Mann. Groß und stämmig. Lachend sagte er: »Wie ich sehe, sind die Damen beschäftigt. Kann ich irgendwie helfen?«

»Oh, Nesto, mein Verhängnis«, sagte Mira mit so liebevoller Stimme, dass Inge sofort wusste, dieser Riese an ihrer Tür war der Sohn der kleinen Mira. Sie sprachen in unwahrscheinlichem Tempo spanisch miteinander.

»Ich gehe die Suppe aufwärmen«, sagte Inge, als beide kurz Atem schöpften.

»Sehr lieb, aber ich bin nicht hungrig.«

»Klar bist du«, sagte Mira. »Du hast immer Hunger.«

Inge blieb an der Tür stehen, versuchte sich die Erde aus den Augen zu wischen, was ihr das Sehen nur noch mehr erschwerte. Sie war sogar nach schwedischen Maßstäben von beachtlicher Körpergröße. Aber der junge Mann war fast einen Kopf größer als sie.

Lieber Gott, was für ein sinnlicher Mann, dachte sie und sagte: »Du siehst tatsächlich aus wie einer von den Indianern, für die ich als Kind geschwärmt habe.«

»Du hast Indianer gekannt?«

»Nur aus Indianerbüchern. Mit wunderbaren Illustrationen.«

»Aber ich bin Mestize wie die meisten Chilenen. Wenn du anderer Meinung bist, musst du meine Mutter fragen.«

Sein Lachen ließ die Glaswände des Treibhauses vibrieren. Mira drohte ihm mit dem Finger: »Du räumst jetzt hier auf, und wir gehen uns waschen.«

»Sí, sí, Nana.«

Schon auf dem Weg zur Küche hörten sie, wie er den Schlauch anschloss und den Fußboden zu säubern begann.

Inge rief: »Ja keinen Tropfen Wasser auf die, die wir gerade umgepflanzt haben!«

Und Mira sagte: »Ich habe ihn gebeten herzukommen und die Lilien nach Hause zu fahren.«

»Aber die müssen nach dem Umtopfen noch eine Woche hier stehen bleiben, weißt du. Um sich an die frische Erde zu gewöhnen. Ihr müsst also am nächsten Wochenende noch einmal kommen.«

Miras Nicken war von ihrem großen Lächeln begleitet, und die Zähne wirkten in dem schmutzigen Gesicht noch weißer als sonst.

»Dein Sohn hat einen unglaublichen Charme«, sagte Inge.

»Ja, das ist sein großes Pech.«

»Das kann ich fast verstehen«, antwortete Inge, und im selben Augenblick erinnerte sie sich an ihn, diesen Jungen in der ersten Bank neben der Tür. Während sie sich Hände und Gesicht wusch, andere Schuhe und eine saubere Bluse anzog, wurde das Bild immer deutlicher. Es bestand kein Zweifel: er war der Junge aus der Einwandererklasse, der am schnellsten lernte, alles am leichtesten begriff, lebhaft, erfinderisch war. Und voller Freude über sich selbst. Voller Fragen, neuer Gedanken. Aber faul, machte nie die Hausaufgaben, erlernte die schwedische Rechtschreibung nie.

Als sie sich mit der heißen Suppe und dem aufgebackenen Brot, einem Stück Käse und einer Flasche chilenischem Rotwein zu Tisch setzten, sagte Inge: »Ich erkenne dich wieder. Und ich weiß noch, wie wütend ich auf dich war – so begabt und so faul.«

Er wurde nicht einmal rot, lächelte nur, und seine Stimme hatte einen spöttischen Klang: »Dir ist wohl nie aufgefallen, dass ich müde war. Ich habe die Nächte über im Hotel Star die Zimmer gemacht.«

Es war Inge, die rot wurde: »Warum hast du nie was gesagt?«
»Warum hast du nie gefragt?«

Sie gab keine Antwort, obwohl ihr eine auf der Zunge lag. Es war die Zeit gewesen, in der es ihr besonders mies gegangen war, Scheidung, Wohnungswechsel, Kindererziehung, zwei Töchter, die heulend nach ihrem Papa verlangten. Schuldgefühle, was hatte sie getan? Geldmangel, sie hatte den Einwandererunterricht wegen des Geldes übernommen, keineswegs aus Interesse. Obwohl es ein interessanter Job war, oder doch hätte sein können …

Mira, die die Spannung spürte, tat, was Frauen zu allen Zeiten getan haben, sagte, sie säßen bei Tisch, um es sich gemütlich zu machen, und dass ihr Sohn keinen Verstand habe. Aber Inge gab ihm Recht und fand es ganz in Ordnung, dass er die Kritik angebracht hatte.

Nesto sagte: »Du wirst es vielleicht nicht glauben, aber ich habe dich bewundert.« Für ihn war sie die schöne Schwedin, die ein unabhängiges Leben führte. Und selbständig für sich und ihre Kinder sorgte.

Hast du eine Ahnung, dachte Inge. Aber er fuhr fort: »Du hast uns ein Gedicht vorgelesen, das mich sehr beeindruckte. Wir hatten keinen Kopierer in diesem Raum, aber ich wollte das Gedicht haben. Das habe ich dir nach dem Unterricht gesagt. Und da hast du es ganz einfach rausgerissen. Aus dem Buch! Erinnerst du dich?«

»Ja.«

»Der Mensch sitzt an der Dichtung Tor …«

Und gemeinsam deklamierten sie weiter: »Seine großen Taten bringt er vor

und Großes, das er noch tun wird …

Er selbst ist nur ein Funke im Wind,

Geburtsschrei, gefurchte Stirne.«

»Das kann ich nicht nachvollziehen«, sagte Mira.

»Nein, Mutter, du hast Recht wie immer«, sagte Nesto und wandte sich an Inge.

»Du wirst es mir vielleicht nicht glauben, aber ich habe dieses Gedicht jahrelang in meiner Brieftasche aufbewahrt. Bis ich es eines Tages auf dem Parkplatz in Auschwitz bis zur Unkenntlichkeit zerriss und in meiner eigenen Kotze zertrat. Drinnen im Lager hatte ich gelernt, dass sich das Leben des Menschen nicht aus Gedichten oder Träumen aufbaut. Dass vielmehr die großen schönen Worte uns verraten und verführen.«

Es war so still am Tisch, dass man das Flackern der Kerzen hören konnte.

Aber Nesto wollte weiterreden und sagte, jedes Wort betonend: »Der Mensch ist, was er tut. Das gilt für Naziland ebenso wie für Chile.«

Tausend Einwände schwirrten Inge durch den Kopf: Was wäre der Mensch ohne …

Aber ihr fiel nur eine belanglose Frage ein: »Was hast du in Auschwitz gemacht?«

Nesto, der ihr Dilemma verstand, lachte: »Zu meinen vielen Fähigkeiten auf dieser Welt gehört auch das Busfahren. Mein Bruder und ich besitzen einen eigenen Bus, einen kleinen. Wir übernehmen aber auch Jobs als Fahrer von Reisebussen mit Touristen, die ostwärts wollen, um sich die neuen alten Länder anzusehen, Tschechien, Ungarn, Polen.«

Er machte eine kurze Pause, lächelte und sagte, dass er sich im Moment in Polen besser auskenne als in Schweden.

»Im Herbst brachten wir einmal Schüler nach Auschwitz, das war zu der Zeit, als in Schweden, wie du dich erinnern wirst, viel von Neonazis die Rede war. In einigen Schulbezirken beschloss man, mit den Kindern im neunten Schuljahr eine Klassenfahrt zu den Vernichtungslagern zu machen.

Es waren zwar Lehrer dabei, aber du kannst dir vorstellen, was daraus wurde. Spaß, Gelächter, Popmusik, Bälle und Papierschwalben, die durch die Luft flogen.«

Er schwieg eine Weile, ehe er fortfuhr: »Du hättest diese Gören auf dem Heimweg sehen müssen, blass, ruhig wie in der Kirche. Viele haben geweint. Ich selbst bin nur ein einziges Mal mit in das Lager gegangen, das war, als ich nachher auf den Parkplatz gekotzt und dein Gedicht zerrissen habe.«

Sie tranken noch eine Tasse Kaffee, bevor sie aufbrachen. Mira sagte, sie müsse in der nächsten Woche bei ihrem älteren Sohn als Babysitterin einspringen. Es war ihr also sehr recht, dass die Afrikaner noch eine Woche im Treibhaus stehen blieben.

»Wir sehen uns nächsten Samstag«, sagte sie.

Inge nickte und schüttelte Nesto die Hand. Er verabschiedete sich mit den Worten: »Pass gut auf meine Mutter auf. Und nimm dich vor ihr in Acht.«

Da fauchte Mira ihn an, lange und auf Spanisch.

»Was hast du gesagt?«

Mira presste die Lippen zusammen, aber Nesto sagte: »Sie sagt, dass ich ein riesiger Angeber bin.«

Er lachte. Und schließlich lachten sie alle drei.

Als sie in der Einfahrt an Inges Wagen vorbeikamen, sagte Nesto: »Du hast aber einen alten Klapperkasten.«

»Tja«, sagte Inge. »Aber ich kann mir keinen anderen leisten.«

»Wenn er Zicken macht, ruf mich oder meinen Bruder an. Wir kennen uns mit alten Autos super aus. Mein Bruder ist ein Genie bei Motoren.«

Er gab ihr eine lange Handynummer.

Als sein Wagen den Parkplatz verließ und Inge ihre Tür abschloss, dachte sie, dass in Miras Worten viel Wahrheit gelegen hatte. Dieser Mann wusste wirklich, wie man Eindruck schindet.

6

Inge ist in dieser Woche in ihrem Haus allein. Sie versucht sich einzubilden, dass das gut so ist. Für die Arbeit. Und sie erledigt eine Menge.

Sie beendet ihre Tage wie immer. Mit dem Tagebuch. Sieht staunend, dass sie ihm bisher nie so viel anzuvertrauen hatte. Sie füllt Seite um Seite. Stellt Frage auf Frage.

Mira hatte gesagt, dass sie Erinnerungen abblocke. Inges Kummer war, dass sie selbst so wenige Erinnerungen hatte.

Wenn sie morgens vor dem Badezimmerspiegel stand, hatte sie den Eindruck, ihre Augen gehörten einer Fremden. Alles, was sie im Lauf der Jahre gesehen hatten, war abhanden gekommen.

Sie musste daran denken, wie Mira die alten Frauen in Gracielas Haus in ihrer weit zurückliegenden Kindheit geschildert hatte, wie messerscharf das Bild jeder einzelnen hervortrat. Wie sie deren Verzweiflung erkannt hatte, ihre Teufel, wie sie es ausdrückte.

Mira war einer der seltenen Menschen, die Sehen und Erleben miteinander verschmelzen konnten.

Dann dachte sie an Miras Erzählung von den sieben Teufeln, die wir alle kennen lernen mussten, bevor wir unserem Schutzengel begegnen durften. Inge hatte bisher keinen einzigen ihrer Teufel erlebt. Oder doch? Gesehen und nicht erkannt?

Diese verdammten Augen, die sich nicht erinnern wollten.

Am Mittwoch ruft der Verlag an. Ob sie zu einer Besprechung mit dem dänischen Übersetzer kommen könne? Ja, um elf

Uhr am nächsten Tag, sie könnten gemeinsam zu Mittag essen gehen.

Aber am Donnerstagmorgen stellt sie fest, dass ihr Wagen nicht anspringt. Er hat in der kalten Nacht seinen Geist aufgegeben. Sie kann ihn verstehen, er ist alt und müde.

Sie will die Autowerkstatt nicht anrufen, erträgt diese Männer nicht, die grinsend mit den Schultern zucken und lachen. Frau in mittlerem Alter mit schrottreifem Wagen.

In diesem Moment fällt ihr Nesto ein. Der Gedanke ist zu verlockend. Also wählt sie die lange Nummer nicht. Sie nimmt den Bus, mehrere Busse, denn sie muss dreimal umsteigen, um in die Stadt zu kommen.

Aber sie hat dabei viel Zeit zum Nachdenken.

Als sie am Abend endlich wieder auf ihr Haus zugeht, ist sie müde. Und zornig. Sie versetzt ihrem alten Auto im Vorbeigehen einen Fußtritt. Und, endlich daheim, geht sie entschlossen ans Telefon und wählt die Handynummer.

Er sagt, dass er am nächsten Tag kommen kann, irgendwann im Laufe des Vormittags.

Nach und nach würde sie begreifen, dass genaue Zeitangaben nicht zu seinem Lebensstil gehörten.

Genau wie beim ersten Mal ist sie, als er in die Diele tritt und die ganze Türöffnung ausfüllt, von seiner Persönlichkeit überwältigt. Sie jammert ein bisschen über das viele Umsteigen von gestern, hört aber selbst, wie das klingt und versucht sich zu rechtfertigen.

»Du weißt, dreimal umsteigen, je zwei Stunden Fahrt einmal hin, einmal zurück.«

Er sagt: »Ich hätte dich fahren können.«

Sie schüttelt den Kopf. Wie so oft, wenn jemand ihr einen Gefallen tun will, wird sie verlegen und ärgert sich.

Es regnet.

»Du kannst das Auto bei dem Wetter doch nicht auseinander nehmen. Komm rein und trink erstmal eine Tasse Kaffee.«

Als sie am Küchentisch sitzen, sagt sie: »Du scheinst dich in einem Land, in dem der Mann nicht den Macho spielen darf, ganz gut zurechtzufinden.«

Sie kichert dabei, um die Bemerkung abzuschwächen. Aber Nesto fürchtet sich nicht davor, dass ihm jemand zu nahe tritt, sondern erwidert ernst: »Das hieße ja, seine Identität aufzugeben.«

»Seine Identität?«

»Was anderes als den Hahn sollte ein Mann denn spielen?«

Inge lacht, fühlt aber, wie in ihr schön langsam der Zorn aufsteigt. Am liebsten würde sie sagen, dass ein Hahn doch eine Anzahl dummer Hühner voraussetzt. Sie kommt aber nicht dazu, da er weiterspricht: »Anfangs war das natürlich phantastisch. Oh, wie erinnere ich mich an die hellen Sommernächte, die Wälder und Strände. Und die Mädchen, die ebenso gratis waren wie die Natur und ebenso schön wie die Nächte. Man brauchte sich nur zu bedienen.

Erst nach etwa einem Jahr merkte ich, dass es die Mädchen waren, die sich bedienten. Sie wollten eine Zeit lang ihren Spaß haben und dann tschüss. Ich war nicht mehr als ein exotischer Leckerbissen.«

»Du hast dich also in gleicher Weise ausgenutzt gefühlt, wie es die Frauen zu allen Zeiten empfunden haben?«

Aber er hört es nicht. Er schlägt mit der flachen Hand auf den Tisch, und seine Stimme schwankt ein bisschen, als er fortfährt: »Du lieber Himmel, wie oft muss ich an meinen Vater denken. Er kam hierher und verlor alle Macht. Er wurde zum Schatten, den unsere Mutter und wir Jungen einfach übergingen, den wir kaum beachteten.

Natürlich kann ich jetzt, so lange danach, denken, dass es vieles gab, wofür wir uns rächen wollten. Das betraf besonders Mira. Du würdest es mir nicht glauben, wenn ich dir erzählte, wie sie in Chile war. Unterwürfig, unwissend. Sie hörte beim Bügeln Radio. Und sie hat pausenlos gebügelt. Wenn sie nicht gerade putzte.

Aber sie muss die Ohren verschlossen haben, wenn im Radio über Politik geredet wurde. Sie hat alles erst an dem Tag kapiert, als draußen vor der Tür ein Panzer mit Soldaten stand, die alle ihre Maschinengewehre auf sie richteten.«

Sie schweigen beide lange, er trinkt seinen Kaffee, sagt: »Ich habe nie erfahren, was sie dachte. Sie ist verschlossen. Mein Vater war zu der Zeit wenig zu Hause. Das war eine Erleichterung, denn wenn er weg war, hatten wir unsere Ruhe. Aber Nana war blass und schweigsam, und meine Schwester machte sich ihretwegen Sorgen. Wir Jungens haben das nicht begriffen, es ist ein schrecklicher Gedanke, aber wir fanden diese Demonstrationen und die Straßenkämpfe damals spannend. Und dann passierte ... aber nein, das soll sie dir selbst erzählen. Wenn überhaupt.«

Es hatte zu regnen aufgehört, Inge setzte sich an den Computer, konnte aber keinen vernünftigen Satz formulieren.

Also ging sie einkaufen.

Als sie am Nachmittag heimkam, fand sie ein zerlegtes Auto vor und einen Zettel auf dem Küchentisch. Darauf stand, Nesto werde am Sonntag wiederkommen und seinen Bruder mitbringen.

Sie seufzte. Ihrem alten Morris war wohl nicht mehr zu helfen. Dann sah sie sich in der Küche um, staunte, wie sauber und ordentlich es überall war.

Er hatte aufgeräumt!

7

Mira, du warst nicht dumm.«

»Du weißt nicht, wie nah Unwissenheit und Dummheit beieinander liegen.«

»Aber du musst doch gewusst haben, was da im Gang war.«

»Sie haben im Radio rumgemeckert, ungefähr wie hier im Land, wenn es um Meinungsverschiedenheiten zwischen Rechten und Linken geht. Das war nichts, was mich anging.«

»Aber dein Mann war doch aktiver Linker.«

»Chilenische Männer sprechen darüber nicht mit Frauen. Wenn ich eine Frage stellte, wurde er böse und schickte mich ins Bett.«

Inge ist so erstaunt, dass sie beinah die Tasse fallen lässt. Schließlich flüstert sie: »Wie man es früher mit unfolgsamen Kindern getan hat.«

»Ich hatte schreckliche Angst vor ihm. Herrgott, habe ich dir jemals gesagt, dass ich erst ein Mensch wurde, als ich nach Schweden kam?«

Sie schweigen eine Weile und sehen den Kindern zu, die draußen Fußball spielen.

»Klar hätte ich etwas ahnen müssen«, sagt Mira schließlich. »In den Geschäften gab es keine Lebensmittel mehr zu kaufen. Mein Mann war sehr wenig zu Hause, kam und ging, wann immer er wollte. Abends, nachts. Besprechungen, sagte er. Aber nur zu den Jungens, die, wie er das ausdrückte, besser nichts wussten. Mit mir sprach er nicht, aber ich musste nachts zur Hand sein. Er brauchte warmen Tee und frisches Brot, wenn er nach Hause kam.«

Sie sitzen auf Miras Balkon in der Sonne, sie haben sich über die afrikanischen Lilien in den großen Töpfen gefreut, die sich jetzt dem Licht entgegenstrecken.

Sie trinken Kaffee, starken, guten Kaffee.

Inge sagt: »Irgendwann musst du doch begriffen haben, was sich da abspielt?«

»Ich wollte draußen vor der Tür die Post holen. Auf der Straße stand eine Art Kampfwagen. Die Maschinengewehre auf mich gerichtet. Es war so still …«, sie hält inne, als könnte sie auch heute diese unheimliche Stille noch hören.

Dann schließt sie die Augen, um nicht sehen zu müssen.

»So viele Bilder, stell dir das vor, der Rio Mapocho, der Fluss, an dem ich als Kind gespielt habe, voller Leichen und rot von Blut.«

Sie schweigt, sieht zum Himmel hinauf, sagt: »In meinem Inneren sehe ich vieles, was unwirklich ist.«

Inge schweigt, Mira sagt schließlich: »Es verdichtet sich in meinem Kopf. Ich weiß nicht mehr, was ich tatsächlich gesehen habe.«

Der Bissen Kuchen in Inges Mund wird immer mehr. Aber Mira spricht weiter: »Wirklich sicher bin ich nur bis zu dem Augenblick, als Papa uns verließ.«

Ihre Gesichtszüge werden weicher. Inge sagt: »Möchtest du davon erzählen?«

»Mein Papa hatte viele verschiedene Beschäftigungen. Manchmal fuhr er einen alten Lastwagen. Er züchtete Margeriten, der ganze Hinterhof war eine wogende Blumenwiese. Ich durfte sie pflücken, Sträuße binden und in Eimer mit gefärbtem Wasser stellen. Manche sollten violett werden, andere blau und wieder andere grün. Aber die meisten sollten rot wie Blut werden.

Wenn die Blumen Farbe angenommen hatten, kamen die Leute, um sie zu kaufen. Sie banden daraus Kränze für die Toten.«

Sie schweigt eine Weile, lächelt vor sich hin, fährt fort: »Und dann waren da die vielen Küken. Wir hatten über sechzig Hühner und sicher eine Million Küken. Zumindest kam es mir mit meinen fünf Jahren so vor, denn zählen konnte ich noch nicht so gut.

Jeden Morgen zerhackte ich Maiskörner für die Küken. Es war lustig, die Daunenbällchen umschwirrten mich, und ich musste sie immerzu verscheuchen. Sie waren so süß …

Aber auch sie wurden verkauft. Und natürlich die Eier.«

»Wie habt ihr gewohnt?«

»Es waren Arbeiterunterkünfte in einem der Vororte. Große Hinterhöfe, staubige Gassen, Stein, Stein. Und dann der Fluss, an den man heimlich laufen konnte.

Nein«, sagt sie plötzlich. »Es gibt keine Wälder in meiner Erinnerung. Nur die Anden in der Ferne, geheimnisvolle Berge, die manchmal aus den Abgaswolken auftauchten.«

Ihre Stimme hat etwas Endgültiges. Inge wagt nicht nach der Tochter zu fragen, sagt aber: »Warum hat dein Papa dich verlassen?«

»Ich werde dir ein Bild meiner Mutter zeigen.«

Sie umarmen sich zum Abschied.

Inge sagt, dass Mira sich gern jederzeit rosa Geranien holen kommen kann, sie hat wie immer zu viele. Und Mira meint, dass José am Sonntagmorgen bestimmt welche mitnehmen wird, er will ja Inges altes Auto gründlich durchsehen.

Die Luft ist warm und voller Erwartungen, als Inge abends nach Hause geht. Die Menschen drängen sich auf den Straßen, Stimmengewirr, übermütiges Lachen.

Der Frühling ist unterwegs.

Aber nicht einmal das stimmt sie froher.

8

Am Sonntagmorgen war der Frühling dann da. Er kam nicht wie in anderen Jahren zögernd, jeden Schritt überlegend.

Nein, er kam als Unwetter mit Donner und Blitz. Inge wachte auf, als der erste Donner die Schlafzimmerwände erzittern ließ.

Dachte: Das kann nicht wahr sein.

Dann stand sie lange am Fenster und sah dem Platzregen zu, der über die Scheiben strömte. Nein, kein düsteres Aprilnieseln, sondern wolkenbruchartiger wunderbarer Regen, warm.

Er trommelte aufs Dach und dampfte aus der Erde. Und das beste von allem: der Himmel zeigte kein Erbarmen mit dem Schnee. Die letzten schmutzigen Flecken an den Nordhängen verschwanden, der Fels wurde reingewaschen, der graue Granit erhob sich aus der Erde, und das Wasser strömte durch Rinnen und Gräben.

Das Drama dauerte fast auf die Minute genau eine Stunde. Dann zog das Gewitter zum Meer im Osten, und die Sonne brach über dem Land hervor, trocknete alles, trieb den Dampf zum Himmel empor, wo er sich zu neuem Regen an anderen Orten verdichtete. Einen kurzen Augenblick nur war es still, dann ertönte Vogelgezwitscher.

Zunächst war das Zwitschern der Spatzen und das Zirpen der Meisen zu hören. Doch plötzlich sangen die Amseln, und Inge dachte, dass sie nun endlich belohnt wurde, hatte sie die Vögel doch den ganzen langen Winter hindurch mit Äpfeln versorgt.

Sie zog Gummistiefel an und ging hinaus in ihren Garten. Jetzt gab es keinen Zweifel mehr, der Boden duftete nach Frühling. Und auch schon eine Spur nach Schneeglöckchen und Krokus. Sie stand lange auf der felsigen Kuppe und wunderte sich, denn gestern Abend hatten ihre Zwiebelpflanzen noch gegen die Schneedecke angekämpft, und jetzt öffneten sie ihre Kelche schon der Sonne.

Die vorsichtigen Eschen auf dem Gemeindegrund zögerten noch, ließen sich vom Wunder dieses Morgens nicht beeindrucken. Auch die Zweige des amerikanischen Ahorns im Nachbargarten zeichneten ohne das geringste Lebenszeichen ein schwarzes Muster in den Himmel. Aber die gewöhnlichen Ahornbäume ließen schon Knospen ahnen und würden bald honigduftend blühen und die Bienen anlocken.

Auch die Hängebirke war meistens eine von den Mutigen und Frühen. Inge suchte sie in der warmen Sonne an der Südseite auf, aber nein, noch keine grünen Mauseöhrchen.

Es war so warm, dass sie die Jacke ausziehen musste. Sie blieb lange im Pyjama stehen und genoss die warme Luft.

Erst als sie ihre Sauermilch aß und ihren Kaffee zubereitete, wandten sich ihre Gedanken Mira und der Fotografie zu, die sie von ihr zum Anschauen bekommen hatte. Das Porträt, das etwas Wichtiges zu erzählen hatte. Wenn Inge es richtig verstand.

9

Eine schöne Frau tritt aus dem verschwommenen Grau der alten Fotografie hervor. Mandelförmige Augen schauen an ihr vorbei, als weigerten sie sich, Inges Blick zu begegnen.

Das war ungewöhnlich. Leute, die in den dreißiger Jahren zum Fotografen gingen, starrten üblicherweise genau in die Linse. Und es geht aus den Details hervor, dass es sich um eine Atelieraufnahme handelt, getönter Hintergrund, elegantes Kleid, Halskette, eine Rose am Ausschnitt.

Die Augen sind groß, etwas schräg, dunkel. Vorwurfsvoll? Leer? Jedenfalls weit weg, in die Ferne gerichtet, als ginge das Naheliegende sie nichts an. Der Mund ist hart, so fest geschlossen, dass die feinen Linien fast zerstört werden. Zorn? Angst? Sie sieht aus, als hätte sie einen Entschluss gefasst, an dem nicht zu rütteln ist.

Langsam wird es Inge bewusst, dass das Bild sie traurig macht, dass sie einen Klumpen im Hals hat. Aber sie weiß nicht warum und versucht vernünftig und neugierig zu denken. Mira hat keine Ähnlichkeit mit ihrer Mutter. Die Frau auf dem Bild ist, oberflächlich betrachtet, schöner, das Oval des Gesichtes ist vollendet wie das Antlitz der Jungfrau Maria auf einem mittelalterlichen Heiligenbild. Sie ist schlank, die lange Nase edel geformt, die Haltung aufrecht.

An Mira ist so gut wie alles rundlich. Inge ist es vorgekommen, als hätte sie noch nie ein so durch und durch lebendiges Gesicht gesehen. Es verändert sich ununterbrochen, jedes Gefühl spiegelt sich wider. Es kann sich verschließen, wenn sie böse wird, aber nicht einmal der Zorn weist das Gegenüber zurück. Und häufig hat es neugierige Augen, die die Welt verschlingen und jeden einzelnen Bissen genießen wollen.

Inge sieht das Foto wieder an, fröstelt bei dem Gedanken, wie es gewesen sein mag, das Kind dieser Eiskönigin mit dem fernen Blick zu sein.

Aber etwas stimmt nicht.

Etwas ist falsch, denkt Inge. Und im nächsten Moment: Es ist ja nur eine Fotografie.

Die Frau hat sich fein gemacht, um zum Fotografen zu gehen, sich vor der Kamera zu brüsten. Der fest verschlossene Mund? Vielleicht hatte sie schlechte Zähne.

Als Inge das Frühstücksgeschirr wegräumt, ruft Mira an, sie jubelt vor Freude.

»Hast du's schon gemerkt? Wir warten hier auf den Frühling, und schon ist der Sommer da. Draußen ist es über zwanzig Grad warm!«

Sie lacht, dass der Telefonhörer zu zittern scheint.

»Ja, ich bin schon durch den Garten gegangen. Aber die meiste Zeit habe ich in der Küche gesessen und das Bild von deiner Mama angesehen.«

Es wird still, Inge zögert, was soll sie sagen?

Aber es ist Mira, die das Schweigen bricht: »Ich kann verstehen, dass du traurig bist. Sie war ein schwieriger Mensch.«

Wieder ist es lange still. Schließlich sagt Inge: »Ich denke darüber nach, wie du so werden konntest, wie du bist.«

»Du hast nicht begriffen, dass ich eine von denen bin, die nie wissen, wohin sie den nächsten Schritt setzen sollen.«

Sie sind sich einig, dass an diesem Sonntag keine Zeit ist, über ernste Dinge zu reden. Fast die ganze Familie Narvaes wird herkommen, um bei der Reparatur des Autos mitzuhelfen.

»Ich werde für ein Mittagessen sorgen«, sagt Mira. »Ich halte unterwegs irgendwo und kaufe ein, was wir brauchen.«

»Wunderbar.«

Inge hatte José sofort gern, all diese verhaltene Wärme in seinen Augen. Er war voll und ganz Spanier, ähnelte weder seinem Bruder noch seiner Mutter. Er hätte einem Gemälde von Velázquez entstiegen sein können.

Inge fragt unvermittelt: »Kannst du Flamenco tanzen?«

»Nein, mein Hobby ist der Gleitflug.«

Inge wundert sich nur, sie weiß nicht, wovon er redet.

Aber er versteht sie falsch und sagt entschuldigend: »Nur manchmal, wenn ich es mir gerade leisten kann.«

Er ist nicht so redegewandt wie sein Bruder, aber er versucht über das Fliegen zu sprechen, über diese unbeschreibliche Freiheit, die Luft, das All.

Inge versteht ihn, will aber wieder auf die Erde zurück: »Wie gefällt es dir in Schweden?«

Er wirft stolz wie ein Spanier den Kopf zurück: »Ich bin Schwede. Ich habe bei den Feldjägern in Arvidsjaur zwei Jahre meine Wehrpflicht abgeleistet.«

»Oh!«, sagt Inge und denkt an die vielen schwedischen Gymnasiasten, die sich zu dieser Einheit gedrängt, aber die Voraussetzungen nicht erfüllt haben.

Plötzlich fällt ihr Miras Erzählung von dem Nachtjungen ein, dem Kind, das unter ihrem Bett lag, zeichnete, malte und seinen Grübeleien in schwierigen mathematischen Gleichungen Ausdruck gab.

Weiter kommen sie nicht, denn jetzt fegt Nesto wie ein Wirbelwind herein. An der Hand hat er Josés kleinen Sohn.

Inge beugt sich vor und schüttelt dem Kind ernsthaft die Hand: »Ich heiße Inge Bertilsson und bin Lehrerin.«

Er antwortet mit demselben Ernst: »Ich heiße Lars-José und gehe in die erste Klasse.«

»Und es gefällt dir in der Schule?«

»Eigentlich ist alles ein bisschen kindisch. Weißt du, ich konnte schon lesen und schreiben, bevor ich in die Schule kam.«

Inge denkt an die Probleme der frühreifen Kinder in den schwedischen Schulen. Zögernd sagt sie: »Es wird bestimmt bald besser, wenn die anderen Kinder das gelernt haben, was du schon kannst.«

»Ja, das sagt mein Papa auch. Aber ich habe keinen Freund.«

Inge läuft es kalt über den Rücken, aber Gott sei Dank ist es wahr, was sie sagt: »Dann haben wir beide etwas gemeinsam. Ich hatte als Kind auch keine Freundin.«

»Und was hast du da gemacht?«

»Habe mir selbst Freunde und Geschichten und so was ausgedacht.«

Er nickt: »Das tue ich auch.«

Inzwischen ist Mira mit all ihren Taschen aus Nestos Bus geklettert und stürmt auf die ihr eigene Art zur Tür herein. Der kleine Junge lässt eine Salve spanischer Wörter los. Mira lacht und fasst kurz zusammen: »Er sagt, dass er dich mag.«

Dann verschwindet der Junge hinaus zu den Männern und dem Auto. Inge geht ihm nach und sieht eine Weile zu, sieht, wie José den Kopf schüttelt. Das wird ein teurer Spaß, denkt sie, und im nächsten Moment: Hol's der Henker. Wird schon hinhauen.

Dann hilft sie Mira beim Auspacken.

Nach einiger Zeit kommt der Junge in die Küche zurück und erklärt, Nana will alleine sein, wenn sie kocht. Mira zwinkert Inge zu und muss laut lachen, als Lars-José hinzufügt: »Sie wird immer böse, wenn man hilft. Ich finde, du solltest mir lieber ein Märchen vorlesen.«

»Aber wir können bei diesem Sonnenschein doch nicht im Zimmer sitzen. Weißt du was, wir tragen die Gartenschaukel ins Freie.«

Inge und der Junge mühen sich ab, die Schaukel aus dem Abstellraum an die Südseite vorm Haus zu bugsieren. Es ist gar nicht so einfach, die vielen Stangen zusammenzufügen, aber schließlich ist alles samt den Kissen an seinem Platz.

Inge ist wieder einmal glücklich über ihre Volksmärchensammlung und sucht ein Buch mit Illustrationen von Åke Arenhill heraus. Es ist wunderschön in rote Seide mit Golddruck gebunden.

»Toll!«, sagt der Junge.

Sie blättern das Buch mit den vielen verführerischen Zeichnungen durch. Schließlich entscheiden sie sich für das schwedische Märchen vom Lunkentus.

Als die Spannung fast unerträglich wird, hebt der Junge die Hand: »Hör jetzt bitte auf. Ich möchte mir den Rest selbst ausdenken.«

Inge wundert sich, aber Sonne und Wärme haben sie müde gemacht.

»Legen wir uns einfach hin und denken nach«, sagt sie und schüttelt die Kissen zurecht, zieht den Jungen an sich und versetzt die Schaukel in leichte Schwingung. Im nächsten Augenblick sind sie schon eingeschlafen und werden nach einer halben Stunde von Miras Lachen geweckt.

»Ich habe mir gleich gedacht, dass das so ausgehen wird. Ich habe zu sagen vergessen, dass Lars-José Märchen immer selbst zu Ende denken will. Und er tut es im Schlaf.«

»O Mira, ich hatte dieses Gefühl schon fast vergessen, wie es ist, ein Kind im Arm zu halten.«

Bei Tisch wird viel gelacht, und Mira muss sich immer wieder anhören, wie gut es schmeckt, dass sie schwedische und chilenische Kochkunst meisterhaft zu verbinden versteht und dass niemand so wunderbar mit Kräutern würzt wie sie.

Mira strahlt wie die Sonne.

Inge hat eine Flasche Wein aufgemacht, aber weder Nesto noch José trinken etwas.

Das Gespräch fließt leicht dahin, Geschichten werden erzählt, es wird gelacht.

Jetzt bekommt Inge die Geschichte vom einzigen Kontakt der Familie mit der Fürsorge zu hören. Alle lachen erwartungsvoll, Inge merkt, das Ereignis ist ein Stück Familiengeschichte. Auch Mira verzieht den Mund. Widerwillig, ein wenig beschämt?

»Ich hatte mich nämlich verliebt«, sagt Nesto, und José ruft laut: »In eine Alfa Romea.«

»Ich habe doch während meiner Jahre in der Schule und im Gymnasium in einem Hotel Betten gemacht. Auf dem Heimweg in der Morgendämmerung, ich werde diesen Tag nie vergessen, habe ich sie erblickt.

Mein Gott, war die schön. Sie war ziemlich zerknautscht, aber der Unfall hatte ihrer Schönheit und auch dem Fahrtwind, der sie wie ein Sturm umtoste, nichts anhaben können. In meiner Phantasie jedenfalls.

Die Gedanken rasten mir durch den Kopf. Ich würde sie reparieren können, sie würde wie neu aussehen. Eines Morgens konnte ich ihr nicht mehr widerstehen, ich stieg aus dem Bus, stellte mich auf den Parkplatz und begehrte diese Karosse sicher eine Stunde lang, und dann tauchte der Mann auf, dem sie gehörte. Er hatte mich von seinem Fenster aus beobachtet und sagte jetzt: ›Für zehntausend kannst du sie haben.‹

Du lieber Himmel, das war ein Vermögen, aber ich hatte Ersparnisse.

Du kannst dir vorstellen, wie es weiterging. Ein Kumpel hat den Alfa mit uns in die Garage bugsiert, und dann haben wir losgelegt. José hat mir geholfen, es wurde teurer, als wir angenommen hatten, denn alle Ersatzteile mussten in Italien bestellt werden. Aber wir haben es geschafft.

Ich machte eine Probefahrt. Es war himmlisch. Dann sagte mir ein Schulfreund, dass ich mit dem Auto erst fahren dürfe, wenn ich die Steuern bezahlt hätte.

Tausend Kronen.

Aber ich war pleite, hatte bei meiner Mutter schon Schulden gemacht. Ich habe vor Enttäuschung fast geheult.

Als ich am selben Tag durchs Stadtzentrum ging, erblickte ich ein Schild, auf dem ›Sozialamt‹ stand. Mir fiel ein, dass jemand gesagt hatte, dort könne man hingehen, wenn man Geld brauchte. Also bin ich raufgegangen, habe mir eine Wartenummer genommen und landete irgendwann bei einem bärtigen Mann. Seine Mundwinkel zuckten, als ich von dem Alfa Romeo erzählte.

Er klärte mich auf, dass die Fürsorge für solche Fälle wie den meinen nicht zuständig sei.

Ich sagte ihm, ich würde innerhalb eines Monats alles zurückzahlen, und er sagte, das behaupten alle.

Dann begann er zu lachen und sagte okay.

Was er auf den Zettel geschrieben hat, mit dem ich zur Kasse ging, weiß ich nicht. Aber ich habe das Geld gekriegt.

Einen Monat später hatte ich tausend Kronen zusammengespart, steckte den Geldschein in meine Jeanstasche und ging wieder in dieses Amt. Der Mann vom Sozialamt wollte gerade essen gehen, aber er erkannte mich wieder. Ich drückte ihm den Schein in die Hand und bedankte mich für die Hilfe.

Er fing zu stottern an, weil er nicht recht wusste, wie er mir das erklären sollte. So einfach gehe das nicht, sagte er.

Also ging er mit mir zur Post und schickte den Betrag per Postanweisung an die Sozialkasse. Dann gingen wir zusammen in eine Pizzeria, aßen und gönnten uns ein Bier dazu. Er lachte ununterbrochen, und ich dachte, für einen Schweden hat er wirklich viel Sinn für Humor.

Wir treffen uns immer noch ab und zu und trinken ein Bier zusammen.«

Inges lautes Lachen klingt glücklich. Und stolz. Auf diesen schwedischen Bürokraten.

Nach dem Kaffee gehen sie in Inges Arbeitszimmer, um das Geschäftliche zu besprechen. Auf dem Schreibtisch liegt das Foto von Miras Mutter.

José hebt fragend die Augenbraue.

Er sagt: »Sie war ein schwieriger Mensch.«

Seine Stimme hat etwas Endgültiges, aber Nesto sagt: »Ich habe sie geliebt.«

José zuckt die Schultern, müde, hier geht es um alte Meinungsverschiedenheiten. Dann wendet er sich an Inge und sagt, sie könnten ihr für acht- bis zehntausend ein kleines Auto beschaffen. Ob sie das wohl aufbringen könnte?

Ja, kann sie.

»Aber für den Betrag kriegt man doch kein ordentliches Auto?«

»Doch, doch«, sagen die Brüder wie aus einem Mund. »Gebrauchtwagen, aber super.«

»Wenn wir den in den Fingern gehabt haben, läuft er wie ein Uhrwerk.«

Erst als die Familie sich verabschiedet hat, fällt ihr ein, dass sie zu fragen vergessen hat, was sie ihnen für die viele Arbeit an dem alten Auto schuldig ist.

»Ist doch wurscht«, sagt sie laut. Aber in ihr Tagebuch schreibt sie: »Das wird ein karger Sommer.« Und dann durchzuckt sie der Gedanke: Autodiebe.

Einwanderer.

Gleich schämt sie sich so sehr, dass sie anfangen muss abzuwaschen. Das tut gut. Sie spült ganz verbissen. Bringt die Küche tadellos in Ordnung.

Eine Weile spielt sie sogar mit dem Gedanken, staubzusaugen. Lässt es aber sein. Und schläft die ganze Nacht durch.

10

Mira hingegen schläft in dieser Nacht nicht viel. Ungestüm bedrängt sie die Angst, diese Freundschaft aufzugeben.

Durch ihren Kopf schwirrt die Frage, was Inge eigentlich zu dem Foto ihrer Mutter gesagt hat, nein, sie kann sich nicht erinnern. Nur an die Traurigkeit in ihrer Stimme. Dieses verdammte Weib zerrt an ihr, reibt sie auf.

Sie versucht Gott um Verständnis zu bitten, aber er ist unerbittlich.

»Sei vernünftig«, sagt Er. Und dann tröstet Er: Sie habe doch einen herrlichen Tag erlebt, ihre Söhne hatten sich ordentlich aufgeführt, sie hat allen Grund, stolz zu sein.

Ja, das stimmt schon. Aber.

»Du verstehst das nicht«, sagt sie zu Gott. »Inge ist listig wie eine Schlange. Sie stellt keine gezielten Fragen. Sie horcht mich aus, umzingelt mich, schwarz und gefährlich. Nicht ein Wort hat sie über sich selbst gesprochen, aber nach mir schnappt sie. Und jetzt tropft das Gift aus allen meinen Wunden.«

»Sie waren noch nicht verheilt«, sagt Gott.

Aber Mira hört ihm nicht zu, bleibt bei ihren Behauptungen und fragt: »Wie verteidigt man sich gegen eine Schwedin, die einem nur Gutes will? Und dabei nichts begreift?«

Sie weint eine Weile, das erleichtert, sie schläft eine Weile. Sie wacht aber mit Herzklopfen auf. Gott schweigt jetzt, er ist nicht mehr da. Aber ein anderer …

Wer?

Bald kann sie es nicht mehr leugnen. Der Junge ist es, ihr Erstgeborener, der erschossen, auf einen Lastwagen geworfen und hinunter zum Fluss gebracht wurde.

»O Javi«, sagt sie, und ihre Angst ist so gewaltig, dass sie meint, es müsse ihr die Brust sprengen.

Dann rettet der Zorn sie, und endlich kann sie mit ihm schimpfen. »Was, zum Teufel, hattest du draußen zu suchen. Du wusstest von der Ausgangssperre, du hast selbst erzählt, wie Menschen auf den leergefegten Straßen von Helikoptern aus totgeschossen wurden. Trotzdem hast du dich von Guille in seinem verdammten Auto mitnehmen lassen.«

Für einen Augenblick beherrscht sie sich, Javi kann ja alle diese schwedischen Flüche nicht verstehen. Aber er antwortet ihr: »Es war das Auto, Nana, Guilles neues Auto … Er hat mich zu einer Fahrt eingeladen … ich konnte nicht widerstehen. Ich weiß, dass wir uns gesagt haben, vom Hubschrauber aus können sie ein Auto nicht kaputtschießen … Und so war's ja auch. Sie haben aus einem Panzerwagen geschossen.«

Sie wollte etwas fragen. Sie hatte tausend Fragen. Hat das Sterben wehgetan? Wusste er, dass sie geflüchtet waren? Wusste er etwas von dem neuen Land …?

Aber schon bei der ersten Frage war Javi verschwunden.

Schweißgebadet knipst sie die Nachttischlampe an, steht auf, macht überall Licht. Ihre Zähne schlagen aufeinander, sie geht ins Badezimmer, steht lange unter der Dusche.

Der Junge, so schön. Dieses feine Lächeln, doch, José hatte es auch, manchmal konnte er es zeigen, kurz, so als schäme er sich dafür.

Aber José ist viel schwieriger zu verstehen, ein komplizierter Mensch, scheu. Nicht wie Javi, dieser Unkomplizierte, dem so viel Lebensfreude in die Wiege gelegt worden war.

»O Gott«, sagt sie. »Nur du weißt, wie sehr ich dieses Kind geliebt habe.«

Aber Gott hört nicht zu, und sie denkt, dass Er vielleicht auch manchmal schlafen muss. Also legt sie sich ins Bett, zieht entschlossen die Decke bis zum Kinn.

Dann denkt sie, wenn der Junge in dieser Nacht zu ihr gekommen ist, kommt das Mädchen auch.

»Nein!«, schreit sie.

Dann muss sie eingeschlafen sein.

Als sie aufwacht, ist sie felsenfest überzeugt. Otilia ist ihr nicht erschienen, weil sie gar nicht tot ist. Sie ist »verschwunden«. Diese Einsicht flößt Mira Furcht ein.

11

Inge hatte gut und lange geschlafen, war freudig aufgewacht und sah nun, dass die Sonne das Schlafzimmer durch das Fenster hindurch mit Gold überschüttete. Kein Zweifel, der Frühling war gekommen.

Von der Küchentür aus sah sie den ersten Star, hätte ihn am liebsten gestreichelt, um ihm dafür zu danken, dass er sich durch Schnee und Regen gekämpft hatte, um hierher zu kommen. In den Norden. Gegen den Wind. Meile um Meile.

Tapferer kleiner Vogel, hätte sie gerne zu ihm gesagt.

Aber wo waren seine Gesellen?

Da entdeckte sie den Schwarm, der ganze Rasen war von schimmernden, perlschwarzen Vögeln übersät.

Sie hackte Brot und Käse in kleine Bröckchen, öffnete die Tür und lauschte entzückt, als die Vogelschar sich flatternd erhob und zu den unbebauten Wiesen flog.

So leise sie konnte, lief sie barfuß ins Freie und streute ihr Begrüßungsfrühstück ins Gras. Dann verharrte sie reglos hinter der Tür und sah zu, wie die Vögel sich an dem Überfluss satt fraßen.

Der Kaffee war gerade fertig, als das Telefon klingelte. Merkwürdig, dachte sie. Wer ruft an einem Montagmorgen schon vor acht Uhr an?

Eine Stimme fragte auf Englisch, ob sie bereit wäre, das Gespräch zu bezahlen. Inge war erfreut, gleichzeitig aber auch beunruhigt. Warum riefen ihre Töchter um diese Tageszeit an? Hoffentlich war nichts passiert.

Aber die Mädchenstimmen schnatterten fröhlich in den Hörer, doch, doch, alles war bestens. Und in London blühten die Narzissen.

Dann sagte Britta: »Wir dachten, wir rufen dich an, weil wir dir etwas erzählen müssen. Wir waren gestern draußen bei Papa und Marylin. Er war nicht da, und da sagte sie uns, dass sie sich scheiden lassen wolle.«

Inge war sprachlos, der Telefonhörer wurde feucht, so sehr schwitzte sie an den Händen.

»Sie hat es bestimmt nicht leicht gehabt und ihre Kinder auch nicht. Wir haben es dir nicht erzählt, aber er ist ein ziemlicher ... Alkoholiker.«

Inge schwieg.

»Marilyn hat ihren Job in der Bibliothek wiederbekommen. Sie verkauft das Haus. Die Jungen werden den Sommer bei den Großeltern verbringen. Auf dem Land, du weißt schon, in Yorkshire.«

Inge brachte noch immer kein Wort heraus.

»Mama, bist noch dran?«

Sie konnte ein Ja stammeln.

»Wir dachten, du solltest es wissen. Es könnte ja immerhin sein, dass er bei dir aufkreuzt.«

»Nein!«

Es war ein Aufschrei.

»Aber Mama, gefährlich ist er ja nicht.«

»Doch!« Sie schrie immer noch. »Für mich ist er gefährlich. Ich will nicht, ich wage gar nicht ... Ich will von hier weg.«

»Aber Mama ...?«

Jetzt weinte Inge, man hörte sie durchs Telefon aufschluchzen. Zwischen den Schluchzern stieß sie hervor, sie werde zurückrufen. Bald.

Dann legte sie auf.

Nach einer Viertelstunde konnte sie wieder sprechen, konnte fragen: »Was ist nun wirklich passiert?«

»Wir wissen nicht besonders viel, Marilyn hat hauptsächlich davon gesprochen, dass er trinkt und ausfällig gegen sie und auch gegen die Jungens wurde. Seine Firma hat ihn entlassen. Niemand weiß, wo er sich jetzt aufhält.«

»Hat er eine neue Frau?«

»Marilyn glaubt das nicht. Von ihr stammt die Idee, dass er bei dir auftauchen könnte. Mama, du brauchst dich nicht vor ihm zu fürchten, koch ihm eine Tasse Kaffee und rede ein Weilchen mit ihm.«

Sie konnte die Wahrheit nicht aussprechen, also schwieg sie lieber.

Schließlich sagte Britta: »Komm zu uns, Mama. Nimm das nächste Flugzeug. Im Mai schließt Ingrid ihr Studium ab und fährt mit dir nach Hause zurück.«

»Danke«, sagte Inge und weinte wieder. »Ich rufe euch heute Abend an, wenn ich gründlich nachgedacht habe ...«

Sie legte sich aufs Bett, fror, kroch unter die Decke. Nach einer Weile hielt sie es nicht mehr aus, ging durchs Haus, überprüfte alle Schlösser, löschte alle Lampen, schloss alle Fenster.

Wahrscheinlich spinne ich doch ein bisschen, dachte sie.

Möglich, dass sie eine Weile geschlafen hatte. Vielleicht war sie vom Widerhall ihres Herzklopfens in der Federkernmatratze aufgewacht. Sie rief im Reisebüro an, ja, sie konnte für Mittwoch ein Flugticket nach London haben.

Zwei Nächte noch und einen Tag.

Sie bezahlte ihre Rechnungen, rief ihren Verlag an und sagte, sie wolle für eine Weile Urlaub machen, rief Nesto an und sagte, »mit dem Auto müssen wir warten, ich muss nach London fliegen«, rief eine gute Freundin in der Stadt an und fragte, ob sie mit ihr ins

Kino gehen würde. Aber die Freundin hatte schon etwas anderes vor.

Schließlich rief sie bei Mira in der Kindertagesstätte an. Wollte fragen, ob sie ein bisschen rüberkommen könne, sagte aber: »Darf ich bei dir übernachten?«

»Na klar.«

Sie holte sich bei Mira im Kindergarten die Wohnungsschlüssel. Später, als sie auf dem Sofa lag, beruhigte sich ihr Herz. Sie sank, tiefer, tiefer.

Als Mira sie weckte, sagte sie fast schon lächelnd: »Ich drehe wahrscheinlich durch.«

Mira gab ihr einen großen Kognak.

»Trink.«

»Danke.«

Dann erzählte sie von dem Mann, der von seiner englischen Frau rausgeworfen worden war und möglicherweise bei ihr auftauchen würde.

»Und wovor fürchtest du dich?«

Da sprach sie es aus: »Ich liebe ihn.«

Mira schnaubte und sagte: »Jetzt koche ich erst mal Kaffee. Und mache uns ein paar Butterbrote. Du bist ja halb verhungert.«

Am Küchentisch schwiegen sie.

Lange.

Schließlich fing Mira von ihrer Nacht zu erzählen an. Von ihrem toten Sohn, der sie besucht hatte, von ihrer Tochter, die nicht gekommen war. Und von ihrer Schlussfolgerung: Sie lebt, sie gehört zu denen, die verschwunden sind.

»Das ist fast noch schlimmer«, sagte sie, und unter ihren geschlossenen Augenlidern quollen Tränen hervor.

Inge fing hemmungslos zu weinen an.

»Ich war heute Nacht wütend auf dich. Du förderst mit deinen Fragen alle Erinnerungen zutage.«

Inge wollte sich verteidigen, wollte sagen, dass niemand seiner Vergangenheit entfliehen kann, dass sie es nicht so gemeint hatte …

Aber sie schwieg.

Mira sprach weiter: »Heute Nacht habe ich beschlossen, dich über dich selbst auszufragen und dich zum Sprechen zu zwingen. Du bist voller Geheimnisse, Inge. Dann dachte ich, du würdest bestimmt mit einer riesigen Wortflut antworten. Und nichts davon würde wahr sein.

Ich wollte dich über deine Scheidung befragen. Und ich war sicher, du würdest die üblichen schwedischen Antworten bereithalten, deine Mühen mit den Kindern, mit dem Beruf, dem Kochen, Abwaschen und dass er immer nur gebügelte Hemden und süß schlummernde Kinder erwartete.«

»Du hast Recht«, sagte Inge. »Diese Antworten hättest du gekriegt. Wenn du mich gestern gefragt hättest.«

Dann klagte sie: »Ich habe ja selbst dran geglaubt, Mira. Und irgendwie ist es auch wahr.«

»Aber es ist nicht die ganze Wahrheit?«

»Nein.«

»Was euch Schweden das Leben so erschwert, ist, dass ihr immer Erklärungen braucht. Ihr müsst alles mit dem Verstand erfassen können. Aber dieses verdammte Leben ist nun mal nicht zu verstehen.«

Sie saßen einander schweigend gegenüber. Schließlich sagte Mira lächelnd: »Erkennst du den Finger Gottes?«

»Nun, eine Ahnung vielleicht«, sagte Inge erschrocken.

Und wieder schwiegen sie.

»Wie denkst du dir deine Tochter?«

»Sie könnte wahnsinnig geworden sein und im Land umherirren. In Chile gibt es vermutlich keine Irrenanstalten mehr. Sie könnte als Prostituierte in Santiago leben. Sie könnte mit einem von Pinochets Männern verheiratet sein und die Partys der Junta besuchen. Sie ist sehr schön. Gleicht ihrer Großmutter.«

Mira weinte immer noch nicht, aber aus ihren Augen schrie die Angst.

Inge sagte: »Jetzt trinkst du einen Kognak.«

Es war schwierig, Inge musste ihr gut zureden, sie fast zum trinken zwingen. Sie hörte nicht zu sprechen auf, die Worte überstürzten sich: »Es muss möglich sein, das Mädchen ausfindig zu machen. Es muss Organisationen, Vereine geben, die Nachforschungen betreiben. Amnesty könnte etwas herausfinden. Du hast doch noch immer Briefkontakt zu deinen Verwandten in Santiago.«

»Die würden es nie wagen, sich nach Otilia zu erkundigen. Das ist gefährlich …«

Jetzt konnte Mira weinen, sagte entschuldigend: »Der Alkohol benebelt mich richtig.«

»Das ist gut«, sagte Inge ruhig. »Dann kannst du heute Nacht wenigstens schlafen.«

Sie verabschiedete sich, wollte doch nach Hause gehen. Nicht über Nacht bleiben.

Auf dem Heimweg überlegte Inge, was sie sagen würde, wenn Jan zu Hause auf der Treppe säße. Sie würde so tun, als wüsste sie von seiner Scheidung nichts, würde nur sagen: Was machst du denn hier? Er würde sagen, dass er ein bisschen plaudern wolle, sie würde sagen, sie habe keine Zeit, sei gerade bei der letzten Durchsicht eines Buches. Er würde ihr Vorwürfe machen, sie habe nie Zeit für ihn gehabt. Sie würde nicht widersprechen, nur sagen, dass sie einander nichts mehr zu sagen hätten.

Natürlich saß niemand auf der Treppe.

Die Luft in ihrem Haus war schlecht, sie öffnete Fenster und Türen, machte Durchzug.

Beim Öffnen der Türen schämte sie sich ganz fürchterlich. Ihr war alle Vernunft abhanden gekommen. Sie war hysterisch, verrückt.

Sie rief ihre Töchter an, bat um Entschuldigung.

»Ich kann nicht begreifen, was in mich gefahren ist.«

»Aber du kommst am Mittwoch?«

»Ja, wie abgemacht.«

»Gut, dann können wir uns aussprechen. Damit wir alles besser verstehen.«

Ich habe nur vierundzwanzig Stunden Zeit. Um selbst zu verstehen, dachte Inge, als sie den Hörer aufgelegt hatte. Im selben Moment hörte sie Mira lachen.

Liebe. Ist sie so, wie die Griechen sie sich vorgestellt haben, ein Gott, der einen Pfeil abschießt, damit das Leben, davon getroffen, Funken sprüht?

Oder ist es nur eine große Projektion?

Eigentlich besteht da kein Unterschied.

Oder doch? Der Gott, der seine Pfeile abschoss, war ein Sohn der Gegensätze. Sein Vater war der Kriegsgott Ares, und Aphrodite, die Göttin der Leidenschaft, war seine Mutter.

So wurde er selbst zum Schicksalsboten.

Die Projektion war Menschenwerk, von Unbestimmtem gesteuert.

Warum schmerzte es so? Nach all den Jahren. Was hatte sie bewogen, zu Mira zu sagen, dass sie ihn liebte? Heute. Jetzt.

Sie versuchte sich ein Bild von ihm zu machen. Ein gewalttätiger Alkoholiker. Sie bekam Bauchschmerzen, krümmte sich zusammen, musste die Toilette aufsuchen. Sie drohte dem weißen Gesicht im Spiegel: Du verlierst nicht noch einmal die Fassung.

Aber, lieber Gott, wie tat Jan ihr Leid!

Sie dachte an ihren Vater, sein vornehmes Gesicht, seine freundlichen Augen, die sanften Hände, die sie streichelten.

Sein freudloses Lächeln.

Sie sei das einzige, was ihn durchhalten ließ, hatte er ihr gesagt.

So weit sie sich zurückerinnern konnte, hatte sie ihn vor Mutters Zornausbrüchen zu schützen versucht. Das eine oder andere Mal hatte sie Mutter beruhigen können.

Nie aber Vater trösten.

Das war dem Kind nie gelungen.

Die Auseinandersetzungen, die langen, schrecklichen Streitereien, die das Kind fast um den Verstand brachten. Sie versteckte sich im Kleiderschrank, hielt sich die Ohren zu, wenn die Eltern einander menschenunwürdig behandelten.

Er sei ein Schwächling, schrie die Mutter.

Und er gab es zu, er sei ein Schwächling, sei es immer gewesen.

Als sie zwölf war, verstummte der Streit. Der Vater erzählte der Tochter, er habe eine andere Frau gefunden. Er war glücklich, stolz.

Gott, wie sehr vermisste sie ihn nach der Scheidung.

Jetzt war sie allein.

Die Mutter weinte nachts in ihrem Bett.

Aber eines Morgens verstummte das Weinen, und in den Scherben ihres Lebens entdeckte die Frau, dass sie ein Kind hatte.

Es war viel zu spät, natürlich war es das. Aber es gelang Mutter und Kind, nach und nach Freundschaft zu schließen.

Sie sprachen nie über das, was gewesen war.

Der Mutter fiel es schwer, zärtlich zu sein. Worte fehlten ihr ganz. Was sie der Tochter geben wollte, war ein hohes Selbstwertgefühl. Und das Kind ging darauf ein, aus Angst, auch noch die Mutter zu verlieren.

Sie wurde eine gute Schülerin, ihre bislang mittelmäßigen Zeugnisse wurden glänzend. Sie wuchs, und mit der Zeit wurde sie richtig hübsch.

Und dann ging sie an die Universität und erfreute ihre Mutter mit einem akademischen Abschluss nach dem anderen.

Als Inge Jahre danach mit ihren Kindern schließlich alleine war, musste sie an ihre Mutter denken. Wie stark sie gewesen war. Und wie hart ihr Leben. Sie hatte keinerlei Ausbildung bekommen. Sie putzte abends Büroräume und scheuerte morgens in Mietshäusern die Treppen.

Keinen Pfennig bezahlte der Vater an Unterhaltskosten.

Es war festgelegt worden, dass das Kind jedes zweite Wochenende beim Vater verbringen sollte.

Inge fühlte sich in seinem neuen Heim nie wohl, und eines Tages stellte sie fest, dass seine neue Frau ebenso böse werden konnte wie seinerzeit ihre Mutter, dass die schlimmen Streitereien am Küchentisch bereits auf der Lauer lagen. Und losbrechen würden, sobald das Kind sich verabschiedet hatte.

Es gab dort auch ein neues Kind, einen quengeligen Jungen.

Sie ging immer seltener hin. Das letzte Mal würde sie nie vergessen, denn da hatte sie ihren Vater zum ersten Mal so gesehen, wie er wirklich war.

»Er ist ein Märtyrer«, hatte die neue Frau gesagt. Sie verfügte über mehr Wörter, als die Mutter des Mädchens.

Und Inge beobachtete sein Gesicht mit den harmonischen Zügen genau, in denen das erstorbene Lächeln automatisch, aber unregelmäßig kam und ging. Wie die Tränen, die immer wieder in seine Augen traten. Ihre Mutter hatte Recht gehabt, er konnte einem Leid tun.

Sie ging nie wieder dorthin.

Aber sie liebte ihn weiterhin.

Sie liebte ihn immer noch. Besuchte ihn einmal im Monat im Pflegeheim, wo seine Art des Seins schließlich belohnt wurde.

Hier gab es endlich die Geduldigen, die offensichtlich zuhörenden, unerträglich freundlichen Frauen.

Sein Sohn, ihr Halbbruder, war geflüchtet. Nach Australien. Er schickte nicht einmal zu Weihnachten eine Karte.

Inge wollte den Bildern Einhalt gebieten, ging in die warme Nacht hinaus und atmete tief durch.

Aber die Gedanken machten weiter.

So war das also mit mir, dachte sie. Kein Gott mit Pfeil und Bogen war nötig gewesen, um sie in Jans Arme fallen zu lassen.

Aber der Gedanke verletzte sie.

Als hätte sie etwas Großartiges besessen und es eingestampft.

Ihre Bilder veränderten sich.

Seine Arme. Wie schön war es gewesen, als sie einander langsam und zärtlich erforschten, Körper voller Freude und Überraschungen. Dem Körper wohnt ein Glück inne, das die ganze Welt zum Strahlen bringt.

Jan hat mir meinen Körper geschenkt, und das war vielleicht das Größte, was mir je widerfahren ist. All die Sinnlichkeit, alle meine Fähigkeiten zu sehen, riechen, horchen, genießen, hat er mir geschenkt.

Es war schon fast Mitternacht, als sie sich in ihrem Bett ausstreckte. Ich muss schlafen. Aber der Schlaf wollte nicht kommen, Lust überkam sie. Sie umarmte, wie so viele Male zuvor, ihr großes Kissen. Danach weinte sie.

13

Inge schloss ihr Haus am nächsten Morgen mit gemischten Gefühlen ab, ging zur Nachbarin hinüber und übergab ihr die Schlüssel.

»Ich mache jeden Abend eine Runde«, sagte Kerstin. »Aber du weißt ja, hier passiert nie was.«

Sie hat Recht, dachte Inge. Hier passiert nie was.

Sie war morgens gegen vier aufgeweckt worden. Schritte in der Auffahrt. Und dann das Klappen des Briefkastens.

Der Zeitungsmann.

Inge hatte Herzklopfen und konnte nur schwer wieder einschlafen.

In aller Frühe hatte sie Mira angerufen, deren Stimme tief und belegt klang.

»Ich habe erfahren, dass die Chilenen in London eine Organisation haben, die sich mit der Suche nach Menschen befasst, die während des Putsches verschwunden sind.«

Mira schwieg lange Zeit. Schließlich sagte sie: »Ich muss gründlich nachdenken. Und mit José und Nesto sprechen.«

»Verstehe. Ich rufe dich in ein paar Tagen aus London an.«

Zu ihrem Spiegelbild im Badezimmer hatte Inge laut und wütend gesagt: »Du brauchst dich vor nichts anderem zu fürchten als vor deiner eigenen Schwäche.« Der Spiegel war mit ihr einer Meinung. Als ihre Gesichtszüge sich entspannten, hatte sie mit verzogenem Mund festgestellt, dass ihr Lächeln freudlos war wie das ihres Vaters. Sie sehe ihrem Vater ähnlich, hatte es schon geheißen, als sie klein war.

Und jetzt das, nein.

»Ich bin kein verdammter Schwächling«, hatte sie gesagt, und noch einmal hatte das Spiegelbild zustimmend genickt.

Jetzt saß sie im Flugzeug und dachte an ihre Töchter, die, von ihrer Reaktion am Telefon aufgeschreckt, in Heathrow auf sie warteten. Vielleicht waren sie auch beunruhigt, sie waren es nicht gewöhnt, dass ihre Mutter die Fassung verlor.

Und nun standen sie dort.

Blond, ihr selbst ähnlich. Schön geformte Gesichter, hohe Stirn, gerade Nase, aufrechte Haltung. Nur Britta hatte gewisse Züge von Jan, einen großen Mund mit viel Lachen und einer Reihe weißer Zähne.

Sie hatten während der langen Busfahrt in die billige Londoner Pension viel zu reden, in der die Mädchen während ihrer Studentenzeit zusammenwohnten. Die abgerackerte Wirtin hieß Inge willkommen und sagte, das übliche Zimmer stehe für sie bereit.

Hunger hatten sie nicht. Nach alter Gewohnheit hatten sie schon gegessen, Inge im Flieger und die Mädchen in einer Bar am Flughafen.

Inge versuchte zu erklären, dass sie einfach nicht verstehen konnte, was mit ihr passiert war, als sie von Jans Scheidung erfuhr. Aber inzwischen habe sie sich beruhigt. »Ich habe heute Morgen zu meinem Spiegelbild gesagt, dass ich mich nicht vor Jan fürchte, sondern vor meiner eigenen Schwäche.«

»Du meinst, dass du … eine Schwäche für ihn hast? Nach all den Jahren!«

Inge gab zu: »Als meine Hysterie auf dem Höhepunkt war,

habe ich zu einer guten Freundin gesagt, dass ich ihn noch immer liebe.«

»Ist das wahr?«

»Nein, ich glaube nicht. Ich habe ja einige Nächte zum Nachdenken gehabt.«

»Und was hast du gedacht?«

»Komisch, ich habe vor allem an meinen Vater gedacht.«

»An Großvater?«

»Ja.« Sie erzählte von den Bildern, die während der ersten Nacht gekommen und gegangen waren, von den Zusammenhängen, die sie erkannt hatte.

Schließlich sagte Britta, es sei doch eigenartig, zu welchen Erinnerungen und Schlussfolgerungen Jans Scheidung sie geführt habe. Die ging doch eigentlich keine von ihnen etwas an.

»Wir haben oft daran denken müssen, wie wütend wir auf dich waren, weil du ihn rausgeworfen hast. Und wie wir uns nach ihm gesehnt haben, wie wir uns gewünscht haben, dass er kommt und Unsinn mit uns macht und uns bis an die Decke wirft. Wie schrecklich es war, raus aufs platte Land zu ziehen … in dieses enge Reihenhaus. Und wie wir uns gefreut haben, als wir nach London fahren und ihn besuchen durften.«

»Ich weiß«, sagte Inge, und das Schuldgefühl ballte in ihrem Magen die Faust. Aber die Mädchen nahmen sich gegenseitig fast das Wort aus dem Mund.

»Du weißt so vieles nicht, Mama. Es war überhaupt nicht schön in England. Marilyn war freundlich und tat für uns, was sie nur konnte, aber Papa … nein, der hat uns überhaupt nicht beachtet. Er hat sich nicht für uns interessiert, hat nie nach irgendetwas gefragt, nach der Schule und so. Und hat nie etwas von sich selbst erzählt. Schließlich haben wir uns damit abgefunden, und die Träume vom wunderbaren Papa starben während der Winter in Schweden langsam ab. Daran musst du dich doch erinnern,

Mama? Dass wir uns irgendwann weigerten, nach England zu fahren.«

Inge erinnerte sich sehr wohl, wie niedergeschlagen die Kinder heimgekommen waren und wie sie sie abends hatte weinen hören.

»Warum hast du uns nie gesagt, dass er ein richtiges Aas ist und immer nur an sich selbst denkt?«

»Ja, du lieber Gott!«, sagte Inge und biss die Zähne zusammen. Zornig fügte sie hinzu: »Hättet ihr mir denn geglaubt?«

»Das ist kaum anzunehmen. Aber wir hätten wenigstens einen gewissen Rückhalt gehabt, als der Held absackte. Du verhältst dich immer idiotisch solidarisch. In jeder Beziehung.«

Inge schwieg.

»Ihm waren auch seine neuen Söhne gleichgültig«, sagte Britta. »Marilyn hat es jahrelang schwer gehabt und ganz besonders in letzter Zeit. Ich begreife nicht, wie sie es ausgehalten hat.

Als wir mit ihr darüber sprachen, wehrte sie mit den Händen ab und meinte, dieselbe Frage müssten wir dir stellen.«

Inge schwieg. Britta ließ nicht locker.

»Warum bist du so lange bei ihm geblieben, Mama?«

Schließlich antwortete Inge, und sie hörten alle drei, dass sie es kaum schaffte: »Ich war so unsicher.«

Aber ihre Stimme war härter, als sie fortfuhr: »Man muss hassen können. Und das fällt mir unglaublich schwer, es ist, als müsse man etwas Verbotenes tun.«

Ihr Blick verlor sich an der Zimmerdecke.

»Und dann diese ganzen Zweifel. Es ging in erster Linie um euch und um den Lebensunterhalt, Geld, Wohnung. Und dazu mein Stolz, es war schwer, die Anstellung an der Universität aufzugeben und Dorfschullehrerin zu werden.

Wie gesagt, man muss hassen können. Und sehr stark sein. Es hat gedauert, bis ich soweit war. Und nach der Scheidung, als sich nach und nach alles regelte, kam die Traurigkeit. Nicht nur ihr habt euch nach Jan gesehnt.«

Sie schwiegen lange, Ingrid weinte, aber Britta zog es vor, das Thema zu wechseln.

»Wir sind zu Marilyn gefahren, um ihr beim Umzug zu helfen. Ihre Brüder waren auch dort. Sie haben uns mit einer Distanz behandelt, die so breit war wie der Ärmelkanal. Typisch britisch, weißt du. Wir hatten eine solche Wut, dass wir uns selbst geschunden haben wie Vieh, aber das half so gut wie nichts.«

»Ein bisschen freundlicher sind sie mit der Zeit doch geworden«, sagte Ingrid.

Sie packte eine Flasche Bier aus, und Inge trank gierig. Sie wusste schon gar nicht mehr, wie gut das englische Bier schmeckte. Und wie stark es – gemessen an dem schwedischen Gebräu – war.

»Ist er immer noch verschwunden?«

»Ja. Marilyn und ihre Brüder haben Nachforschungen angestellt. Sie haben sehr bestimmt darauf hingewiesen, dass das ihre Angelegenheit sei und nicht unsere. Wir seien volljährig und hätten keine Ansprüche an ihn zu stellen.

Als wenn wir das je getan hätten«, sagte sie.

Britta packte eine zweite Flasche Bier aus. Inge trank und merkte nicht, dass ihre Töchter besorgte Blicke tauschten.

»Etwas Unangenehmes haben wir noch nicht erzählt. Als Jan verschwunden ist, hat er die Ersparnisse der Familie von der Bank abgehoben, Geld, das Marilyn für den Schulbesuch ihrer Söhne zurückgelegt hatte.«

Inges Gesicht flammte rot auf, aber sie war eiskalt vor Zorn.

»Mama, warum bist du bei unserem Anruf so erschrocken? Leidest du an Vereinsamung?«

»Nein. Ans Alleinsein habe ich mich gewöhnt.«

Sie überlegte sehr genau, schüttelte dann aber den Kopf. Ihre merkwürdige Reaktion hatte nichts mit Einsamkeit zu tun gehabt.

Kurz darauf lachte sie übers ganze Gesicht und sagte: »Ich habe übrigens etwas Wunderbares erlebt. Ich habe mich mit einer chilenischen Familie angefreundet. Durch sie lerne ich tatsächlich, die Dinge auf ganze neue Art zu betrachten und überhaupt neu zu denken.«

Und sie begann zu erzählen, wie sie Mira in der Gärtnerei kennen gelernt hatte, und von den afrikanischen Lilien. Und von dem Indianer Nesto und dem Spanier José, die ihr Auto wieder in Schuss gebracht hatten.

Ihre Töchter hörten zu, hingen mit großen, erstaunten Augen an ihren Lippen. Wenn Inge zwischendurch Luft holte und noch einen Schluck Bier trank, jubelten die Mädchen, dass die Scheiben klirrten, und bogen sich vor Lachen.

Inge sah die beiden erstaunt an. Schließlich riss Ingrid sich zusammen: »Mama, das ist ja geradezu verrückt. Wir haben nämlich auch ein chilenisches Geheimnis, schön, indianischer Typ, sehr jung. Er heißt Fernando Larraino, genannt Nano. Und er ist in Britta verliebt und sie in ihn.«

Inge blieb das Lachen im Hals stecken, und sie sagte fast feierlich: »Wieder der Finger Gottes.«

Und Ingrid meinte, du bist doch wohl nicht fromm geworden, Mama?

»Nur ein bisschen«, sagte Inge. »Daran ist Mira schuld.«

»Ist sie katholisch?«

»Nein, sie hat ihren eigenen Glauben. Sie spricht oft mit Gott, und manchmal erscheinen ihr nachts die Geister ihrer Verstorbenen.«

Inge beachtete die Verwunderung ihrer Töchter nicht, sondern sagte nur: »Ich muss deinen Freund kennen lernen und unter vier Augen mit ihm sprechen.«

»Ich rufe ihn an und lade ihn zum Essen ein«, sagte Britta mit vor Freude rosigen Wangen.

Nano war ein völlig anderer Typ als Inges schwedische Chilenen. Zwar hatte er auch diesen honigfarbenen Teint und die hohen Backenknochen. Aber alles an ihm war Klasse, Stil und Selbstverständlichkeit. Er bewegte sich elegant und fand ohne Schwierigkeiten die richtigen, angemessen liebenswürdigen Worte, als er Inge vorgestellt wurde. Sein leicht schleppendes, nasales Englisch ließ das kostspielige Internat erkennen.

Inge versuchte ihre Vorurteile zu unterdrücken.

Er habe ein Auto, sagte er. Er habe in der Hoffnung, seine schwedischen Freunde zum Essen einladen zu dürfen, in einem indonesischen Restaurant einen Tisch bestellt.

»Man dankt«, sagte Ingrid, und ihre Mutter hörte den Sarkasmus heraus. Nano nahm ihn ebenfalls wahr und errötete leicht.

Problemlos ist das nicht, dachte Inge und sah Britta an. Aber die hatte nichts bemerkt.

»Meine Mutter möchte gern unter vier Augen mit dir sprechen«, sagte sie, und in diesem Augenblick verlor der junge Mann seine Sicherheit. Er war plötzlich sehr jung und verletzlich.

Inge gefiel er jetzt besser.

Sie gingen hinüber in ihr Zimmer, und sie begann sogleich von ihrer chilenischen Freundin und deren Tochter zu erzählen, die als verschwunden galt. Stimmte es, dass es in London eine Organisation gab, die Nachforschungen anstellte?

Er seufzte vor Erleichterung, als er antwortete, er selbst sei in dieser Sache nicht so engagiert. Aber seine Mutter sei es und habe viele Freunde in der chilenischen Bewegung. Außerdem sei sie Rechtsanwältin. Er werde ein Treffen arrangieren.

Inge strahlte, sagte aber: »Sagen Sie den beiden Mädels vorläufig nichts davon.«

»Unser Geheimnis«, sagte der junge Mann und hauchte ihr einen Kuss auf die Wange.

14

Am nächsten Morgen war Inge allein. Ihre Töchter waren zum Unterricht gegangen, und sie selbst wollte sich einen Spaziergang durch die Kew Gardens gönnen. Tausende Narzissen, blühende Magnolien, Pfirsichbäume.

Aber kaum war sie angezogen, klingelte das Telefon: »Hier ist Matilde Larraino. Ich habe gehört, Sie wollen mir eine Frage stellen.«

»Ja.«

»Können wir uns zum Mittagessen treffen?«

»Ich bin sehr dankbar.«

Sie verabredeten einen Treffpunkt. Inge rief Mira an, aber es hob niemand ab, rief dann im Tagesheim an, und dort war sie dann. Ja, sie seien übereingekommen, einen Versuch zu wagen. Mira gab ihr den vollständigen Namen und das Geburtsdatum ihrer Tochter durch und auch den damaligen Wohnort.

Sie überflog ihre Notizen noch einmal, bevor sie den Zettel zusammengefaltet in die Handtasche steckte. Das Mädchen war 1961 geboren und 13 Jahre alt gewesen, als es nach einer Vergewaltigung verschwand.

Inge nahm sich ein Taxi, das sich geschickt durch den Verkehr hin zu dem unauffälligen Restaurant schlängelte, in dem Matilde wartete. Noch lange Zeit danach überlegte Inge, wie sie bei dieser ersten Begegnung ausgesehen hatte. Schön natürlich, gut angezogen, graues Kostüm und Perlenkette. All das hatte Inge auch erwartet. Ihr Interesse wurde aber von etwas völlig anderem so sehr abgelenkt, dass sie zunächst mit ihrem Englisch nicht zurechtkam.

Ich darf sie nicht anstarren, dachte Inge.

Als aber der Kellner kam und Matilde sich erwartungsvoll in die Speisekarte vertiefte, hatte Inge Gelegenheit, sie näher zu betrachten.

Braune Augen, so dunkel, dass die Pupillen kaum zu erkennen waren. Große runde Brillengläser. Kastanienfarbenes Haar, kurz geschnitten wie eine eng anliegende Haube. Weiße Haut, glatt, nur ein paar feine Fältchen um die Augen. War das Leben sanft mit ihr verfahren?

Sie ist unverdorben!

Als Matilde die Bestellung aufgegeben hatte, wandte sie sich an Inge und sagte, sie habe Britta sehr gern und freue sich über die Liebe der jungen Leute.

»Wir werden miteinander verwandt sein.«

Inge war verblüfft, so weit hatte sie noch gar nicht gedacht. Dann zuckte sie mit den Schultern und meinte, die heutige Jugend bestehe auf dem Recht auszuprobieren. Und dass sie das gut fand. Worauf Matilde erwiderte, sie habe gewisse Schwierigkeiten mit dieser modernen Art, die Liebe zu handhaben.

Sie meinte, es könne im Leben eines Menschen viele Verliebtheiten geben, aber nur eine Liebe.

Als sie Inges Verwunderung sah, lächelte sie: »Ich kann verstehen, dass Sie mich romantisch finden. Aber ich glaube es zu wissen.«

»Dann muss ich mich dem wohl beugen«, sagte Inge, und zum ersten Mal lächelten die beiden Frauen einander an.

Sie aßen, während das Restaurant sich langsam mit Gästen füllte, Seezunge mit Avocadosauce und tranken dazu ein Glas Weißwein. Gemurmel füllte den Raum, und es wurde schwierig, das Gespräch fortzusetzen.

»Was haben Sie sich für heute vorgenommen?«

»Mir in den Kew Gardens den Frühling anzusehen.«

»Na, dann machen wir das doch. Ich habe den ganzen Nachmittag Zeit.«

Sie fuhren mit der U-Bahn und saßen eine Stunde später auf einer Parkbank unter zartgrünen Buchen am Rand eines Tulpenmeeres.

Inge erzählte von Mira und deren Söhnen. »Sie machte einen so offenen Eindruck, und ich wurde sehr neugierig. Ich wusste ja nicht, was meine Fragen bewirken würden.«

»Vielleicht waren es gar nicht die Fragen, sondern eher die Tatsache, dass Sie ihr nahe kamen. Ist sie verbittert?«

»Nein, sie ist fröhlich, wenn sie nicht gerade zornig ist. Und maßlos neugierig. Auf alles, sie will ununterbrochen dazulernen, sie verbohrt sich in dieses neue Land, seine Sprache, die Sitten und Gebräuche. Täglich entwickelt sie neue Theorien über die Schweden und warum sie so sind, wie sie sind.«

»Kritisch?«

»Ja, das auch. Sie ist unwahrscheinlich … explosiv. In Sekundenschnelle kann sie wütend werden, dass die Funken fliegen. Wenn es vorbei ist, lacht sie über sich selbst.«

»Das kommt mir bekannt vor. Im Jetzt leben, sich nichts entgehen lassen. Was gewesen ist, ist vorbei, ist tot und begraben. Können Sie das verstehen?«

»Ich versuche es.«

»Neugier auf alles Neue ist eine große Hilfe. Und dann natürlich auch der Kampf ums Dasein, die Schwierigkeiten der Einwanderer mit der Sprache, mit dem Beruf und der Ausbildung.«

Matilde ließ den Blick über die Blumenbeete schweifen, atmete den Duft ein und schwieg eine Weile.

»Das Schicksal Ihrer Freundin schmerzt mich. Zu der plötzlichen Einsicht gezwungen zu sein, dass man ein Kind in der Hölle zurückgelassen hat. Herr, du mein Gott, ist das schwer.«

Matilde hatte Tränen in den Augen, als sie fortfuhr: »Es gibt noch eine andere Erklärung für den Erinnerungsverlust. Sie werden das kennen. Das Opfer schämt sich. Es war unglaublichen Demütigungen ausgesetzt und empfindet das als Schande. Mira hat nicht nur deswegen so lange geschwiegen, weil die Erinnerungen schmerzen, sondern vor allem, weil sie sich schämt. Ich weiß es, ich bin selbst vergewaltigt und gefoltert worden.«

Inge schnappte nach Luft, aber Matilde fuhr fort: »Mira und ich sind einander ähnlich, haben Sie das bemerkt?«

Inge überlegte eine Weile und sprach dann aus, was sie dachte. Es gab zwar Ähnlichkeiten, aber doch auch einen großen Unterschied.

»Mira ist nicht ganz so ... zivilisiert. Die gesellschaftliche Herkunft prägt einen Menschen ja ebenso wie seine Nationalität«, sagte sie.

Matilde nickte und meinte, die Bemerkung sei verständlich.

Inge wurde rot: »Ich kämpfe gegen meine kleinbürgerlichen Vorurteile an, so gut es geht.«

»Genau wie ich gegen meinen Standesdünkel.«

Jetzt konnten sie lachen.

Eine Schulklasse kam an der Bank vorbei, auf der sie saßen, und die Kinderstimmen übertönten das Vogelgezwitscher. Als die Schulkinder weitergegangen waren, fuhr Matilde fort: »Ich bin in Santiago aufgewachsen, habe die Stadt aber nie zu sehen bekommen. Zwischen mir und der Wirklichkeit lagen zwanzig luxuriöse Zimmer und ein großer Park. Englische Konversation bei Tisch. Mein Vater war der Ansicht, Spanisch sei in erster Linie eine Sprache für Ungebildete, für Träumer und Weiber. Zumindest in Chile, wo die Muttersprache entartet sei, behauptete er. Sie sei ungezügelt, angereichert mit Übertreibungen, magischem Denken und romantischen Träumereien. Englisch hingegen trainiere den Verstand, lehre uns, maßvoll und kritisch zu denken.«

»Ist da etwas dran?«

»Ja, vielleicht. Chilenisch ist die Sprache der ungehemmten Gefühle, und ich liebe das. Aber eigentlich wollte ich Ihnen erzählen, dass es in unserem Haus von Dienstboten wimmelte, die für uns ebenso selbstverständlich waren wie die Luft, die wir atmeten. Keiner von uns dachte auch nur im Entferntesten daran, dass diese eilfertigen Schatten Menschen waren. Arme Leute waren etwas Wesenloses, man konnte sie nicht greifen, und trotzdem nähte meine Mutter Hemden für sie. Ist es schwierig, das zu verstehen?«

»Ja.«

»Für mich auch.«

»Mag sein, dass Niveau-Unterschiede von ganz oben her schwer wahrzunehmen sind«, sagte Inge und fuhr dann fort: »Das ist wohl der Grund, warum vor Gott alle gleich sind.«

»Jetzt scherzen Sie aber?«

Inge hörte heraus, dass Matilde schockiert war, und antwortete einfach: »Natürlich.«

Eine Mutter mit Kindern und zwei großen Hunden kam vorbei. Matilde rührte sich nicht.

Als sie wieder allein waren, musste Inge fragen: »Wie konnten Sie mit diesem Hintergrund zu einer Gefahr für die Militärdiktatur werden?«

»Zu Anfang hatte es nichts mit Politik zu tun. Es war die Liebe, die große, wunderbare, verflixte Liebe«, sagte Matilde mit solcher Leidenschaft, dass es Inge die Sprache verschlug.

Dann erzählte sie, dass sie mit neunzehn Jahren an der Universität Jura zu studieren begonnen hatte. Ihr Vater hatte Bedenken, aber ihre Mutter meinte, eine Tochter habe heutzutage das gleiche Recht auf eine Ausbildung wie ein Sohn. Der Vater erwiderte, Matildes Zukunft sei gesichert und vorgegeben. Sie sah gut aus und konnte nicht nur Klavier spielen, sondern auch französische Konversation machen. Und das Wichtigste von allem, sie besaß ein großes Vermögen.

»Ich war also auf dem Heiratsmarkt ein sehr begehrtes Objekt, müssen Sie wissen.

Aber mein Onkel stellte sich überraschenderweise auf die Seite meiner Mutter, und schließlich gab Vater nach. Was konnten einige Jahre akademische Studien schon schaden.

An der Universität gab es eine Fülle junger Revolutionäre. Plötzlich befand ich mich in einer Welt, in der Zorn und Aufruhr loderten. Und ich merkte auf, ach, wie hörte ich zu! Und ich lernte. Und beobachtete. Als ich nachmittags nach Hause kam, sah ich meine Zofe zum ersten Mal an, und auch den Gärtner und die alte Köchin. Ich schämte mich. Aber ich hatte nicht den Mut, mit ihnen zu reden.

Ich schwieg zu Hause ebenso wie an der Universität. Aber ich konnte nachts kaum mehr schlafen.

Eines Tages begegnete ich Pedro. Es waren eigentlich nur unsere Blicke, die sich begegneten, und es gibt keine Worte für das, was in diesem Augenblick mit mir geschah. Schon am nächsten Tag ging ich mit ihm in sein Untermietzimmer im Slum, und noch immer erinnere ich mich an jede Sekunde und alles, was in dem schmalen Bett geschah.

Er liebte mich.

Aber seine große Leidenschaft galt der Gerechtigkeit.

Mit tiefem Ernst unterzog er sich der Aufgabe, mir die Augen zu öffnen. Während langer Zeiträume ließen wir die Vorlesungen Vorlesungen sein und wanderten durch jenes Santiago, das ich noch nie gesehen hatte. Die abertausenden Arbeitslosen, die aus den Salpeterminen im Norden entlassen worden waren, endlose Vororte ohne Hoffnung, überall Schmutz, Elend, und am schlimmsten von allem die Kinder mit den hungrigen, bettelnden Augen.

Ich marschierte an Pedros Seite bei fanatischen Demonstrationen mit. Meine Mutter sagte, wenn Papa das erführe, würde ihn der Schlag treffen. Aber er erfuhr nichts davon, er war geschäftlich in England. Und als er nach Hause kam, hatte die Katastrophe die Familie schon ereilt, die vornehme Tochter war schwanger.

›Wegmachen‹, sagte Vater, und ich sagte ›niemals‹. ›Wer ist der Mann?‹ ›Das wirst du nie erfahren.‹ Und ich musste lächeln, wenn ich daran dachte, wie ich Pedro, diesen Revolutionär in der schmutzigen Jacke, den Grubenarbeiterstiefeln, dem wilden Bart und den langen Haaren meiner Familie vorstellen sollte.

Vater brüllte, ich brächte Schande über die Familie, und ich antwortete, dass ihnen allen weitaus schlimmere Gefahren drohten als ein Skandal.

›Wovon redest du?‹

›Von Revolution.‹

Fast hätte er mich geschlagen. Aber bald darauf erzählte mir Mutter, dass er angefangen hatte, sein Geld ins Ausland zu bringen.

Als in Chile die große Wahl bevorstand, wurde ich auf dem Land bei einer Kusine untergebracht, versteckt. Sie war Witwe und ein guter Mensch, ich hatte sie immer gern gehabt. Und ich war glücklich über das Kind, das in mir heranwuchs, und über Pedro, der mich manchmal nachts besuchen kam. Er war der Anführer einer revolutionären Gruppe, und er glaubte daran, dass die Linke die Wahl gewinnen würde. Aber er glaubte nicht, dass die neue Regierung es schaffen konnte.

›Die Kapitalisten werden jede Veränderung sabotieren‹, sagte er.

Und er behielt Recht.

Kurz gesagt, ich brachte meinen Sohn an dem Abend zur Welt, an dem ganz Santiago vom Freudentaumel der Linken ergriffen war.

Nach einem halben Jahr kehrte ich in die Großstadt zurück. Dort ereignete sich in der Familie etwas Seltsames. Mein Vater liebte das Kind. Es war sein erster Enkel und noch dazu ein Junge. Ein süßer Kerl, sagte Papa, diese frappierende Familienähnlichkeit, ganz der Urgroßvater, ganz der Onkel mütterlicherseits. Dieselben Augen, der gleiche wache Intellekt.

Von Pedro wurde kein Wort gesprochen. Nur ich, die ich meinen Geliebten nur dann und wann treffen konnte, wusste, dass dieses Kind ein Abbild des Revolutionärs war.«

Im Park war es Nachmittag geworden, ein sanfter Wind wehte durch die Baumkronen, und die beiden Frauen merkten plötzlich, dass sie fröstelten. Matilde sagte, jetzt habe ich dich mit meiner Erzählerei gelangweilt, aber Inge hätte gern noch viel mehr gehört.

»Ein andermal«, sagte Matilde.

Da sah Inge, dass ihre neue Freundin müde war. Und maßlos traurig.

»Jetzt habe ich mit Ihnen dasselbe gemacht wie mit Mira«, sagte Inge. »Sie gezwungen, sich zu erinnern.«

»Da gibt es einen Unterschied. Ich will mich erinnern, ich will meine Geschichte erzählen, sie wiederholen, sie neu erleben.«

Sie nahmen ein Taxi. Im Wagen sagte Matilde, ohne Inge anzusehen: »Das beinahe Allerschlimmste passierte, als ich endlich nach England kam. Es war unglaublich demütigend. Ich lag im Krankenhaus, man entfernte mir die Gebärmutter. Ich war während der Folterungen viele Male vergewaltigt worden. Und Pinochets Teufel hatten Hunde dazu abgerichtet, Frauen zu begatten. Mein Gott, wie habe ich mich geschämt, als ich das den englischen Ärzten sagen musste.«

15

Mira wanderte nächtelang hin und her. Zählte die Schritte in der Küche, durch das Wohnzimmer, das Schlafzimmer, die Diele.

Ihre Gespräche mit Gott nahmen an Intensität zu und führten oft zu einer Art verschwörerischen Auseinandersetzung.

Wenn du das und das tust ... verspreche ich ...

Danach schämte sie sich.

Nur ein einziges Mal tat Gott etwas für sie. Sie erkältete sich mitten im warmen Frühling. Sie war noch nie krank gewesen, hatte an der Arbeitsstelle nicht einen Tag gefehlt. Jetzt wurde sie heimgeschickt, um nur ja die Kinder im Kindergarten nicht anzustecken.

Sie selbst sah den Finger Gottes diesmal nicht.

Sie wollte keine Zeit zum Nachdenken mehr haben. Wollte sich nicht erinnern.

Aber die Bilder drängten sich auf.

Santiago, die Schreie auf den Straßen, die Angst.

Und ...

Nein.

Dann war da nur noch Otilia und all das, was dem Mädchen hatte passieren können. Sie sah es jetzt, die Huren in Santiago und ihre Zuhälter. Und sie erinnerte sich, dass sie zu verstehen versucht hatte, wie die Frauen das überhaupt auszuhalten vermochten, wie sie auch nur eine Nacht überleben konnten.

»Das nicht, nur das nicht, lieber Gott«, betete sie.

Aber dann kamen die Erinnerungen an das kleine Mädchen

von damals, als die Welt noch in Ordnung war. Sie war das hübscheste und liebenswerteste aller ihrer Kinder, süß wie Honig und wie Seide schimmernd.

Sie suchte nach einem schwedischen Wort, die haben dafür so ein gutes Wort, dachte sie, und fand es schließlich.

Vän, geschrieben wie das Wort für ›Freund‹, aber es wurde mit einem langgedehnten ä gesprochen: vääään. Lieblich, liebenswert. Das war ihre Otilia: lieb, lieblich.

»O Gott«, sagte Mira zur Schlafzimmerdecke hinauf. »Konntest du nicht dafür sorgen, dass sie sterben durfte?«

Sie konnte die Folterungen überlebt haben, konnte sich mit einem Landarbeiter in den südlichen Tälern verheiratet haben, wo auf großen Landgütern Grundbesitz und Macht vereint waren.

Mira suchte Trost. Aber der reichte nicht weit.

Eine Landarbeiterfrau, nein, dieses Schicksal wünschte sie keinem. Jedes Jahr ein Kind, zu Tode rackern, einen Mann, der seine Frau schlug, und dazu der verdammte Grundbesitzer, der jede Frau vergewaltigte, die einigermaßen aussah.

Otilia war schön wie ihre Großmutter.

Die Großmutter hatte es selbst erkannt: »Sie sieht mir ähnlich«, hatte sie gesagt. »Armes Kind.«

Dieses eine Mal hatte Mira der Alten widersprochen: »Wieso arm?«

»Es ist ein schreckliches Schicksal.«

Plötzlich weinte Mira über ihre Mutter, über sie, die jeden Sommer zu Verwandten geschickt worden war, die auf einem Gut im Süden Fronarbeit leisteten.

Ich glaube, ich weiß, was dir passiert ist.

Mira ging zeitig zu Bett, konnte aber nicht schlafen. Daran ist der Husten schuld, sagte sie sich. Die Erkältung steckte ihr wie ein dicker Klumpen im Hals.

Inge. Mira vergeudete viel Zeit mit ihrem Zorn auf Inge. Als José kam, um nach ihr zu sehen, brach der ganze Ärger über die Freundin bei ihr los, der Freundin, die sich in Dinge einmischte, die sie nichts angingen. Und es brach auf … was alt und vergessen war.

José wurde böse, sagte, früher oder später müsse man der Wahrheit ins Gesicht sehen.

Sie sagte, er kapiere überhaupt nichts, er sagte, sie sei es, die sich weigere zu verstehen.

»Was, um Himmels willen, meinst du?«

»Man kann die Augen nicht vor allem verschließen, was man mitgemacht hat«, sagte er. »Auch ich erinnere mich inzwischen an Santiago zur Zeit des Militärputsches, an die Angst, an den Tod Janviers. Und an die Vergewaltigungen, Nana, daheim in unserer Küche.«

Mira schnappte nach Luft. »Ich will nicht!«, schrie sie.

Aber es war nicht mehr möglich, die Bilder von den geilen Soldaten zu verdrängen, die über die Mädchen auf dem Küchenfußboden herfielen.

»Nein, nein … ich will nicht.«

»Du musst.«

Sie konnte alles sehen, schrie aber: »Du irrst dich.«

Natürlich war er im Irrtum, sagte sie sich, als er endlich gegangen war. Er wollte morgen wiederkommen und mit ihr zum Arzt gehen.

»Ich bin nur erkältet.«

»Du brauchst etwas, damit du schlafen kannst.«

Wieder ging sie in der Wohnung auf und ab, aber sie konnte sich Gott nicht mehr zuwenden. Sie wusste, was er sagen würde, er hatte dafür sogar ein Bibelwort: Die Wahrheit wird euch frei machen.

Mira hatte es nie verstanden.

Als das Telefon klingelte, schaute sie auf die Uhr. Es war erst neun. Welcher Wochentag? Sie wusste es nicht.

Sie griff zum Hörer, hielt ihn mit beiden Händen fest. Es war Inge, die ihr sagte, sie habe sich mit einer Anwältin zum Essen getroffen, und diese Frau hatte versprochen, der Sache nachzugehen.

»Aber es kann dauern, Mira, es ist schwierig.«

»Ich verstehe.« Mira brachte die richtigen Worte kaum heraus.

»Du klingst so eigenartig.«

»Ich bin erkältet.«

»Ich rufe wieder an, sobald ich mehr weiß.

»Ist gut. Gute Nacht.«

Als Mira ins Bett kroch, dachte sie, diese Ermittlungen in London würden nie zu einem Ergebnis führen. Das alles war nur die normale schwedische Art, Unbegreifliches in den Griff zu bekommen. Nachforschungen anzustellen, wie es in den Radionachrichten dauernd hieß.

Sie stellen das Schicksal in Abrede, dachte sie. Und wenn es zuschlägt, bilden sie sich ein, es lenken zu können. Diese überheblichen Schweden.

Allen voran Inge.

Aber in dieser Stunde redete Gott ihr ernsthaft ins Gewissen. Inge war ein guter Mensch, sie wollte helfen, hingegen war sie, Mira, ungerecht und undankbar.

Sie schämte sich, bat Gott um Vergebung.

Jetzt konnte sie schlafen.

16

Die Familie Larraino versammelte sich vor dem Essen wie üblich im Salon. Man trank einen trockenen Sherry und sprach in gewählten Worten über die Ereignisse des Tages.

Fernando Larraino, das Familienoberhaupt, leitete die Befragung. Er war ein großer, silberhaariger Mann mit solchem Abstand zum Leben, dass um ihn ein leerer Raum entstand.

Der Enkel hatte zwar seinen Vornamen geerbt, wurde aber Nano gerufen. Niemand hätte es wagen dürfen, Señor Fernando mit einem Kosenamen anzureden. Matilde sagte nicht Papa, sie sagte Vater, Nano sagte Großvater.

»Nun?«, wandte er sich an Nano. »Wie ist sie, deine eventuelle Schwiegermutter?«

Nano zögerte: »Sie ist blond. Hübsch. Hochgewachsen. Bewegt sich langsam, fast würdevoll.«

Der alte Mann runzelte die Stirn, und Nano wusste, dass die Antwort nicht ausreiche: »Sie spricht absolut ohne Umschweife.«

Fernando Larraino erlaubte sich ein leichtes Seufzen und wandte sich an Matilde.

»Was Nano sagt, stimmt. Sie bewegt sich langsam, was einen merkwürdigen Kontrast zu ihrem schnellen Denken bildet. Sie ist ein kultivierter, geheimnisvoller Mensch, man redet in ihrer Gegenwart zu viel. Ich würde sie als wahrhaftig bezeichnen.«

Fernando Larraino zog die Stirn kraus: »Wie du weißt, habe ich Schwierigkeiten mit Menschen, die unverblümt vorgehen und glauben, die Wahrheit zu kennen. Sie bringen im allgemeinen Unglück.«

»Jetzt machst du dir ganz falsche Vorstellungen«, sagte Matilde. »Wenn ich über Inge Bertilsson etwas mit Sicherheit sagen kann, dann ist es: Sie hat Humor.«

Der alte Mann schüttelte den Kopf, Humor war eine Eigenschaft, auf die er sich nicht verstand und die er folglich nicht leiden konnte.

Als sie zu Tisch gingen, sagte Nano leise zu seiner Mutter, dass sie beide ein verkehrtes Bild von Inge Bertilsson vermittelt hatten. Aber Matilde flüsterte, der Alte habe sich sowieso längst ein fertiges Bild gemacht, und ganz gleich, welche Worte sie gewählt hätten, es wäre für ihn nur eine Bestätigung gewesen.

In der Pension tranken Inge und ihre Töchter Bier zu ihren belegten Broten. Ihr Gespräch aber hatte Ähnlichkeit mit der Konversation im Salon in Chelsea: »Mama, wie hat dir Matilde gefallen?«

»Ich mag sie. Sehr.«

»Aber sie ist doch so hoffnungslos elegant«, sagte Ingrid.

»Ja. Da müssen wir mit unseren Ansichten ein bisschen zurückstecken.«

Sie lachten.

»Jetzt werde ich euch erzählen, warum es mir so wichtig war, sie kennen zu lernen.«

Und sie erzählte von Miras verschwundener Tochter.

Die beiden Mädchen saßen stumm da, Inge betonte, dass sie über die Sache Schweigen bewahren mussten.

»Woher wusstest du, dass Matilde …?«

»Nano hat mir gesagt, dass sie in direkter Verbindung mit der Zentrale der Widerstandsbewegung in Chile steht und oft mit der Suche nach Verschwundenen zu tun hat …«

»Nie hätte ich das auch nur geahnt«, sagte Ingrid.

»Ich habe es gewusst, Nano hat es mir erzählt«, strahlte Britta.

»Wohl damit angegeben«, meinte Ingrid. »Er hat wahrscheinlich gewusst, dass dich das beeindruckt.«

Britta wurde rot.

Einige Abende später war die Familie Bertilsson bei Señor Fernando Larraino zum Essen eingeladen. Britta war vor Angst wie gelähmt, Ingrid fühlte sich unsicher, und Inge nahm es gelassen. Vielleicht etwas zu gelassen, dachte sie, als man sich im Salon zum Sherry versammelte.

Der Raum war für zeremonielle Feierlichkeiten eingerichtet, die vor langer Zeit stattgefunden hatten, aber offensichtlich bis heute fortwirkten. Die Stühle waren qualvoll unbequem.

Die beiden jungen Leute zogen es vor, stehen zu bleiben, Britta legte Nano besitzergreifend eine Hand auf die Schulter.

Die Konversation kam in Gang und plätscherte oberflächlich dahin. Señor Fernando stellte die üblichen Fragen über Schweden, und Inge gab die üblichen Antworten: das lang gestreckte Land, die reichen Naturschätze, die geringe Einwohnerzahl. Und nicht zuletzt der schon so lange anhaltende Friede.

Er zeigte angemessenes Interesse. Doch dann fragte er, wie es dem Land möglich gewesen sei, eine sozialistische Revolution ohne Blutvergießen durchzuführen.

Inge hob die Augenbrauen und sagte mit einer gewissen Schärfe, dass es in Schweden keine Revolution gegeben habe.

»Aber Sie haben eine sozialistische Regierung?«

»Die haben Sie in England ja auch gehabt. In gleicher Weise gewählt wie in Schweden.«

Eine kaum merkbare Spannung lag in der Luft, Inge suchte Matildes Blick, die ihr zuzwinkerte. Ihre Mundwinkel zuckten vor unterdrückter Erheiterung. Also fuhr Inge fort: »Ich nehme an, dass Ihre Frage darauf hinausläuft, wie es uns möglich war, so früh und mit friedlichen Mitteln eine starke und demokratische Arbeiterbewegung aufzubauen.«

»So könnte man es vielleicht ausdrücken.«

Inge lächelte ihn strahlend an: »Ich habe auf diese Frage eine eigene Antwort, aber ich bitte Sie, nicht zu vergessen, dass ich Lehrerin und somit Partei bin. Schweden hat als eines der ersten Länder der Welt die allgemeine Schulpflicht gesetzlich festgelegt. Seit 1842 lernen bei uns alle Kinder lesen.«

Sie machte eine Pause, dachte nach: »Diese Reform wurde in einem Land durchgeführt, dessen althergebrachten Gegensätze unverrückbar und gottgegeben schienen.«

»Ich weiß nicht, ob ich Sie verstehe.« Es interessierte ihn.

»Ich will damit sagen, dass sich aus der Fähigkeit, lesen zu können, allmählich ein politisches Erkennen der Ungerechtigkeiten in der Gesellschaft entwickelte.«

»Mit anderen Worten: Sie sind der Meinung, wenn die Unterschicht eine gewisse Bildung erlangt, gewinnen die Sozialisten die Wahlen?«

»Für mich ist das selbstverständlich. Die arbeitenden Menschen haben bisher schließlich in allen Ländern immer die Mehrheit gebildet.«

»Sie haben soeben eine meiner grundlegenden Ansichten bestätigt. Man darf der Unterschicht Bildung nicht aufzwingen, diese Menschen brauchen sie nicht, und das Ergebnis wäre nur gefährliche soziale Unruhe.«

Inge versuchte ihr Erstaunen zu unterdrücken, sah sich im Salon um und dachte, das Gefühl, hier stehe die Zeit still, habe sie nicht getrogen.

Sie schwieg.

Aber Señor Fernando wollte weitermachen und ging zur direkten Konfrontation über.

»Mein Erbe möchte sich mit Ihrer Tochter verheiraten. Was halten Sie davon?«

Inges Stimme war um etliche Grade abgekühlt, als sie sagte: »Ich habe kein Recht, dazu Stellung zu nehmen. Meine Tochter ist erwachsen und entscheidet selbst über ihr Leben.«

»Aus meiner Sicht bedeutet Ihr Standpunkt, dass Sie elterliche Verantwortung ablehnen.«

»Und aus meiner Sicht bedeutet es Respekt vor der Verantwortlichkeit und dem Recht der erwachsenen Kinder, ihre eigene Wahl zu treffen.«

Jetzt lachte Matilde laut, sagte aber mit trauerumflorter Stimme: »Vater, du dürftest in dieser Hinsicht eine gewisse bittere Erfahrung gemacht haben.«

Er wurde nicht rot und sah Matilde nicht an, sondern wandte sich weiterhin an Inge: »Und wenn diese beiden verliebten jungen Leute einen großen Irrtum begehen?«

»Dann ist das ihr gutes Recht«, sagte Inge, dachte an ihr eigenes Leben und fügte hinzu: »Ich bin mit Ihnen einer Meinung, Señor. Der Preis kann sehr hoch sein.«

Kurz darauf gingen sie zu Tisch, und Inge dachte erstaunt, dass sie so etwas wie einem Verhör ausgesetzt gewesen war. Und nach der Suppe fuhr der Hausherr fort: »Ich denke, Ihre Tochter ist eine außerordentlich starke Frau. Mein Erbe bekommt eine Frau, die er nicht beherrschen können wird.«

»Das hoffe ich«, sagte Inge mit Nachdruck.

Jetzt konnte Matilde ihr Lachen nicht mehr zurückhalten, Ingrid stimmte in die Fröhlichkeit ein, und Nano verzog den Mund. Auch Inge lächelte, als sie fortfuhr: »Was raten Sie mir? Ich brauche Nano nicht zu fragen, ob er eine Frau versorgen kann, denn Britta wird immer für sich selbst aufkommen. Ich könnte die beiden aber fragen, ob sie nachsichtig zueinander sein werden. Sie können jedoch keine wahrhaftige Antwort geben, denn sie wissen nicht, wie kompliziert eine Ehe ist.«

»Es ist ganz einfach«, sagte Nano. »Wir lieben einander.«

In Inges Lächeln lag große Zärtlichkeit, als sie sich an den jungen Mann wandte: »Wenn du dich nun aber für einen kleinen Augenblick bemühst, die Liebe außer Acht zu lassen, musst du die Schwierigkeiten sehen. Britta ist arm, sie kommt aus einer anderen Gesellschaftsschicht als du und ist von einer Kultur geprägt, in der die Gleichberechtigung der Geschlechter fast so etwas wie eine Religion ist.«

»Dort sehe ich meine Probleme nicht«, sagte Nano. »Sie liegen eher hier.«

Einige Sekunden tiefen Schweigens dehnten sich wie Minuten hin. Dann nahm Nano sich zusammen und fuhr fort, als wäre nichts gewesen: »Ich will Kinder haben, blonde, blauäugige Kinder.«

»Hast du nie daran gedacht, dass deine Kinder, genau wie du, schwarze Augen und indianisch hohe Backenknochen haben könnten?«, warf Inge ein.

»Nein«, sagte er lächelnd. »Aber spielt das eine Rolle?«

»Ja, und ich kann dir versprechen, wenn du einen Indianerjungen, dunkler als du selbst, bekommst, wirst du ihn lieben.«

Britta meinte, danach kriegen wir dann vielleicht eine blauäugige Wikingertochter.

»Wozu soll das gut sein«, sagte Inge und dachte, dass die Liebe kluge Mädchen oftmals in dumme Gänse verwandelt.

Sie tranken im Salon Kaffee, Señor Fernando sah plötzlich alt und müde aus. Doch er bedankte sich für einen interessanten Abend, und Inge bedankte sich für ein wunderbares Essen. Als der alte Herr sie verlassen hatte, sagte Ingrid zu Matilde: »In was für einem Familiendrama haben wir eigentlich heute Abend mitgewirkt?«

»Ach, um das zu erklären, würde ich die ganze Nacht brauchen.«

»Und wir sind alle sehr müde«, sagte Inge.

17

Mira hatte Schlaftabletten bekommen, schlief über der Angst ein und fand, als sie aufwachte, dass diese Angst sich in verzehrende Furcht verwandelt hatte.

Das war fast noch schlimmer.

Aber sie hustete nicht mehr und konnte wieder arbeiten gehen. Eigentlich war sie im Kindergarten als Köchin angestellt worden, aber man hatte dort bald erkannt, dass sie gut mit Kindern umgehen konnte. Und nicht nur das, sie war die einzige, die die chilenischen Kinder beruhigen konnte, wenn sie einen Zornausbruch bekamen oder in einer Art verzweifelt waren, dass sie nur auf Spanisch beruhigt werden konnten.

Der vierjährige Eduardo geriet so außer Rand und Band, als Mira wieder auftauchte, dass sie sich im Vorraum auf einen Hocker setzen musste, damit der Junge auf sie einschlagen konnte. Sie war froh, dass sie ihren dicken Mantel anhatte, als die kleinen Fäuste sie bearbeiteten.

»Wo bist du gewesen?«, schrie er auf Spanisch.

»Krank, zu Hause im Bett.«

Er drosch weiter auf sie ein.

»Meine Mama ist auch krank, aber sie muss trotzdem arbeiten gehen. Das ist ungerecht.«

Mira packte die wütenden Hände mit eisernem Griff, sah dem Jungen fest in die Augen und sagte ihm, dass Leute, die in einem Kindergarten arbeiten, alle Kinder anstecken können, wenn sie krank sind. Seine Mama arbeite in einer Fabrik, und Maschinen können sich nicht erkälten.

Er lenkte ein, krabbelte ihr auf den Schoß und weinte ein Weilchen. Schon bald machte er sich in den Garten auf, um mit den anderen Kindern zu spielen.

»Du bist geschickt, wie hast du das nur fertig gebracht?«, fragte Lisbeth, die Leiterin. Sie verstand ihre Sache, war aber fast krankhaft ehrgeizig.

Mira erklärte, Lisbeth seufzte und sagte, das hätte sie eigentlich begreifen müssen …

»Wie hättest du dich denn verhalten?«

Lisbeth zögerte einen Moment und sagte dann: »Nimm's mir nicht übel, aber diese lateinamerikanischen Kinder sind so schwer zu verstehen. Diese überschäumende Freude und dann die abgrundtiefe Verzweiflung.«

»Das stimmt«, sagte Mira. »Sie sind nicht so zurechtgebogen wie die schwedischen Kinder.«

»Angepasst, meinst du.«

Mira nickte, ging in die Küche und dachte, vielleicht krankt Chile nur daran, dass nie jemand angepasst wurde.

Dann bereitete sie mit Hilfe der Einwandererkinder das Essen zu. Sie nahm sich die Freiheit, die Küchentür zu schließen, und während alle Fleischklößchen drehten, sprachen sie spanisch. Als Lisbeth hereinschaute, sagte Mira, gerade jetzt würden die Kinder ihre eigene Sprache benötigen.

Und mir hat es auch gut getan, dachte sie auf dem Heimweg. Sie spürte den Duft des Frühlings und konnte den Frühling auch im Park und in den Straßen leuchten sehen, wo die Bäume ausschlugen. Doch als sie zu Hause die Tür aufschloss, war dieser bohrende Schmerz im Bauch wieder da. Sie streckte sich auf dem Bett aus und dachte, das Elend im Zwerchfell kommt davon, dass ich meinen Zorn verloren habe und dass allein der Zorn sie wäh-

rend all dieser einsamen schwedischen Jahre aufrecht gehalten
hatte.

»Wenn man nicht wütend werden kann, ist man seiner Verzweiflung ausgeliefert«, sagte sie.

Laut.

Sie wollte ein Gespräch mit Gott anfangen.

Aber er hörte nicht zu.

Er, auch Er hat mich verlassen.

Für eine Weile war sie versucht, von den magischen Tabletten zu
nehmen und einfach zu verschwinden. Aber dann fiel ihr ein, dass
ihre beiden Söhne zum Essen kommen wollten.

Sie musste aufstehen, einkaufen gehen. Fisch wollte sie kaufen,
teuren weißen Dorsch, den Nesto und José so gerne aßen. Und
jungen Rhabarber. Einen mürben Rhabarberkuchen mit Vanille-
sauce sollte es zum Nachtisch geben.

»Ich überlebe«, sagte sie, als sie das Essen zubereitete. Und die
Angst stieg im Körper immer höher und schnürte ihr den Hals zu.
Ruhig atmen, tief atmen. Aber es wurde nur ein stoßweises Keu-
chen daraus.

In diesem Augenblick musste sie an die Flasche denken, an das
Geschenk, das im schönen Schrank stand und nur im äußersten
Notfall angerührt werden durfte. Sie hatte nie richtig begriffen,
was die Schweden unter äußerster Not verstehen. Aber sie wusste, dass sie sich jetzt in einer solchen Lage befand.

Vielleicht hilft es, dachte sie. Zumindest stirbt man nicht daran.

Als sie sich zwang, das scharfe Getränk Schluck für Schluck
durch die Kehle rinnen zu lassen, klingelte das Telefon. Es war
Nesto, der ihr mitteilte, dass Gabriel von seiner Chilereise zurück-
gekehrt war und viel zu berichten hatte. Sicher hatte sie auch für
ihn noch genug zu essen?

Sie wollte ihr übliches wütendes Nein schreien, aber in ihr war kein Zorn mehr. Zudem hatten alle ihre Sinne ausgedient, ihr Kopf brummte, und der Küchenboden schwankte in langen Wellenbewegungen.

Sie kicherte.

Ich bin betrunken, dachte sie und versuchte sich zu schämen. Es ging aber nicht, denn die Schmerzen im Zwerchfell waren vergangen.

»Jetzt weiß ich, wie die Leute zu Säufern werden.«

Sie sagte es laut und glaubte Gott einen irrlichternden Augenblick lang lachen zu hören.

Er hatte sie vielleicht doch nicht verlassen.

Aber dann versuchte sie sich zusammenzunehmen: dieses Lachen hatte sie sich in ihrem Fuseldusel doch nur eingebildet.

Fuseldusel, das war auch so ein schwedisches Wort, das sie nie verstanden hatte. Jetzt wusste sie genau, was darunter zu verstehen war.

»Himmelarschundzwirn«, sagte sie. »Ich muss nüchtern werden.«

Nesto behauptete immer, Kaffee würde helfen, also kochte sie sich eine Tasse voll mit der Maschine und trank. Ja, es stimmte, der Fußboden kam einigermaßen zur Ruhe. Als die jungen Männer eintrafen, konnte sie aufrecht stehen, aber sprechen wollte sie nach Möglichkeit nicht.

Mira hatte Gabriel, diesen kleinen rundlichen, meist gut gelaunten Chilenen immer gern gemocht. Jetzt war er schweigsam, fast traurig.

»Meine Mutter ist gestorben«, sagte er. »Aber ich bin noch rechtzeitig bei ihr gewesen.«

Der Appetit der jungen Leute ließ nichts zu wünschen übrig, sie lobten das Essen, alles ist fast wie immer, dachte Mira. Aber sie blieb auf ihrem Stuhl sitzen, als José den Tisch abräumte und Nesto ihn sauberwischte. Beide sahen ihre Mutter besorgt an.

Gabriel hatte einen großen Stadtplan von Santiago und ganze Stöße von Ansichtskarten mitgebracht.

Er faltete den Stadtplan auseinander und benutzte einen Bleistift als Zeigestab: »Ich habe mich hier von der Fußgängerzone aus eingeschlichen. Über die Vía Calle del Puente bin ich zur Plaza de Armas gegangen. Alles war genauso schön, wie ich es in Erinnerung hatte, und ganz unverändert die große Kathedrale. Überall tummelten sich die Menschen. Ihr werdet euch an die Zeichner erinnern, bei denen die Leute sich porträtieren ließen, an die Fotografen mit ihren alten Apparaten, an die Gitarre spielenden jungen Burschen. Und an die vielen Transvestiten. Alle waren sie da, als wäre nichts passiert.«

Seiner Stimme war das Erstaunen anzuhören.

Er breitete seine Ansichtskarten aus, aber Mira brauchte nicht hinzuschauen, sie sah alles vor sich. Wie es gewesen war, wie es, wenn man Gabriel glauben durfte, immer noch war. Er fuhr fort: »Plötzlich dröhnte aus einem Lautsprecher ein Lied, ›Gracias a la vida‹ von Violeta Parra. Eine finnische Sängerin singt es auch auf Schwedisch: Danken will ich dem Leben.«

Sie begannen es verhalten zu summen, vermischten spanische Worte und schwedische. »Es hat mir das Leben gegeben, es gab mir das Lachen und gab mir den Schmerz … alles, was meine Lieder schafft und auch eure Lieder, die meine Lieder sind …«

José fragte: »Willst du damit sagen, du hast keine Veränderungen gesehen?«

»Doch, alles ist schöner, in jeder Hinsicht prächtiger. Riesige Blumenbeete in den Straßen und auf den Plätzen. Grelle Reklame an den Wänden, junge Leute, die wie amerikanische Studenten gekleidet sind.«

»Wohlhabender?«

»Anfangs kam es mir so vor, aber dann sah ich die Bettler. Ich weiß nicht, ob es stimmt, aber mir kam es vor, als hätte ihre Zahl gegen früher zugenommen. Mir fiel es schwer, die Kinder mit den hungrigen Augen und den bittend ausgestreckten Händen anzusehen, aber das kam wohl daher, dass ich es von Schweden her nicht mehr gewohnt bin.«

Alle verstanden, was er meinte. Gabriel erzählte weiter: »Ein Unterschied war, dass es viel mehr Carabinieri gab als früher und dass sie besser organisiert waren. Und ängstlich. Sie haben wohl auch Grund dazu. Ich habe gehört, dass eine der fahrenden Polizeistationen auf der Plaza de Armas in die Luft gesprengt worden ist.«

Gabriel schwieg einen Augenblick, bevor er weitersprach: »Der Monedapalast ist wieder aufgebaut worden, verdammt elegant. Es war ein komisches Gefühl. Als ich ihn im September 1973 das letztemal sah, stand er in Flammen.«

Er suchte die neuen Aufnahmen des Präsidentenpalastes heraus, aber Mira sah sich einen Überblick über die Stadt mit dem schneebedeckten Vulkan Aconcaguas im Hintergrund an.

Sie hatte Heimweh. Die Schmerzen im Zwerchfell meldeten sich wieder.

Gabriel begann zu erzählen, wie er mit dem Bus heim nach Carrascal gefahren war.

»Es stimmt wirklich, dass Pinochet um gewisse Poblaciónes Mauern hat bauen lassen.«

Mira hatte von den Mauern gehört und hatte versucht, sie sich vorzustellen. Aber dann hatte sie gedacht, dass die endlosen Vororte Santiagos immer von Mauern umgeben gewesen waren, unsichtbar zwar, aber undurchdringlich.

Gabriel erzählte, dass es hieß, die Mauern seien errichtet worden waren, weil die Carabinieri sich vor den heißblütigen armen Leuten fürchteten. Einen Augenblick lang war Mira stolz auf ihre Herkunft.

Dann aber sagte Gabriel, dass die Mauern vermutlich gebaut worden waren, um den Touristen den Anblick der Slums zu ersparen.

»Es war schwierig, zu Mutters Haus zu gelangen. O Dios, was für ein Elend herrscht dort, was für ein Dreck, was für ein Flickwerk. Hoffnungslos. Als Kind habe ich mich dort wohlgefühlt. Wenn ich in den letzten Jahren an die heimischen Gassen gedacht habe, dann in idiotisch romantischer Weise.

Jetzt stand ich dort und sah meine Schwestern und alle meine Neffen und Nichten schmutzig, hungrig, in Kleidern, die, in kaltem Wasser mit billiger Seife gewaschen, ganz grau geworden waren. Mir war nicht im Entferntesten der Gedanke gekommen, ihnen etwas zu essen zu kaufen, ich hatte nur ein paar blödsinnige Geschenke mitgebracht.

Wie ein geschlagener Hund habe ich mich in meinen eleganten Kleidern geschämt. Und das heftige Heimweh, das mich plötzlich überkam, machte die Sache nicht besser. Ich wollte heim nach Schweden, heim in meine Küche, mein Badezimmer. Und zu meinen Nachbarn, diesen kühlen Schweden, die sich nicht gegenseitig überschreien, die einen nie mit lästigen Fragen an die Wand drücken.

Verwandte und Nachbarn drängten sich in unserem Haus, es kam zum reinsten Kreuzverhör, sie wollten alles wissen, und am allerwichtigsten war ihnen zu erfahren, was ich so mit den Frauen trieb.«

Mira hörte längst nicht mehr zu. Sie war müde, wünschte sich, dass sie gingen. José sah es, sagte ihr, sie solle zu Bett gehen.

Sie schlief, vom Kognak schwer, ein, und die Bilder von Santiago flackerten unter den Augenlidern. Wachte mitten in der Nacht auf, die Schmerzen im Zwerchfell waren in ein unbehagliches, aber nicht unerträgliches Bohren übergegangen.

Dann stellte sie fest, dass ihr Kopf schmerzte und dass diese Schmerzen das Weh in der Brust abgelöst hatten.

Sie setzte sich auf, vor ihren Augen zuckten Blitze, und hinter der Stirn dröhnte es.

Wieder suchte sie nach Worten, die Schweden hatten einen reichlichen Wortschatz, was das Trinken betraf. Als ihr etliches davon einfiel, lächelte sie erleichtert. Sie war nicht krank, sie hatte einen Brummschädel. Und einen gewaltigen Kater.

Kaffee, dachte sie. Aspirin.

Sie tappte in die Küche, die herzensguten jungen Männer hatten abgewaschen.

Nach einer Weile wurde das Brummen in ihrem Schädel erträglich und sie konnte denken.

Gabriel hatte so ganz nebenbei etwas Wichtiges gesagt. Was nur?

Dann fiel es ihr ein. Er hatte gesagt, er habe Angst bekommen, als die Erde bebte, weil ihm die häufigen Erdbeben ganz entfallen waren.

Das geht mir genauso, dachte Mira. Dieses Gefühl der Erleichterung, als ich erfahren habe, dass es in Schweden keine Erdbeben gibt, war auch schnell vergangen.

Plötzlich erinnerte sie sich an Valparaiso, wo die Erschütterungen so pünktlich kamen, dass man die Uhr danach stellen konnte. Erinnerte sich an einen Ausflug mit ihrem Vater in die hohen Berge. An die Schlepplifte, die berühmten siebzehn Lifte hinauf über die Felsenmassive, Pablo Nerudas Haus auf der Isla Negra im unendlichen Meer dort unten. Vaters Schoß, wenn er ihr die Gedichte dieses Poeten vorlas, während sie darauf warteten, dass das Beben auf die Minute käme.

Vater. Ich habe ihn geliebt. Und als er mich verließ, öffnete sich die Wunde im Zwerchfell.

18

Als sie zur Arbeit ging, machte sie, um eine Weile freier atmen zu können, einen Umweg. Die ganze Zeit dachte sie voll Erstaunen: Wie habe ich die chilenischen Erdbeben nur vergessen können?

Sie begann mit der Kindergartenleiterin Lisbeth ein Gespräch. Du musst verstehen, dass Menschen, die mit dem Tod unter den Füßen leben, sich einem langen, vorausschauenden Leben nur schwer anpassen können, wollte sie sagen.

Ihre eigenen Gedanken mündeten aber nur in einem Schnauben.

Sie würde niemals mit einer Schwedin über Angst sprechen können, darüber, wie die Menschen nachts aus den Häusern gerannt waren, manche noch im Nachthemd, andere mit Jacken über den Schultern. Jeder trug ein Kind, größere Kinder trugen die kleineren.

Sie konnte es jetzt hören, dieses Trampeln nackter Füße auf der bebenden Erde. Und sie erinnerte sich, wie sie gelacht hatten, wenn es vorüber war und sie in ihre Häuser zurückgingen, sie lachten über den alten Juan, der gespensterhaft nackt aus dem Haus gelaufen war, und über die Mutter, die ihr Kind mit dem Kopf nach unten an den Füßen gepackt hielt. Dios, wie hatte das Kind gebrüllt!

Die maßlose Erleichterung musste bei übermütigen Geschichten und lautem Gelächter gemeinsam abreagiert werden. Es fiel jedes Mal schwer, auseinander zu gehen, ein jeder in sein Haus.

Die Kinder waren gescheiter, die schliefen in den Armen der Frauen ein. Und die Hunde legten sich in den Straßenstaub und schliefen, als wäre nichts geschehen. Und doch war es das laute Gebell der Hunde gewesen, das die Menschen in den Häusern geweckt hatte, als die Erde zu beben begann.

Mira erinnerte sich an das großen Erdbeben, das die Städte in den südlichen Landesteilen vernichtet hatte. Sie war damals noch klein gewesen, saß unter dem Mauergewölbe zur Straße hin auf Vaters Arm. Er sagte, die Bauweise gehe auf die Erfahrungen der alten Römer zurück und werde, selbst wenn das Schlimmste eintreten sollte, standhalten.

Im Stadtgebiet von Santiago waren prächtige hohe Häuser in sich zusammengesunken. Die Vororte waren weit weniger betroffen gewesen.

Inzwischen war es schon fast acht Uhr geworden. Sie musste zur Arbeit gehen.

Im Kindergarten füllten hunderterlei Pflichten Zeit und Gedanken aus. Ein kleines chilenisches Mädchen hatte Bauchschmerzen, und Mira, die als einzige mit ihr sprechen konnte, wurde beauftragt, mit ihr zum Arzt zu gehen. Im Ambulatorium brüllte das Kind so laut, dass die anderen Patienten ihnen den Vortritt ließen. Manchmal hat das chilenische Temperament auch sein Gutes, dachte Mira.

Der Arzt nahm es sehr genau, konnte aber nichts finden. Er meinte, wahrscheinlich wären dem Kind irgendwelche Aufregungen auf den Magen geschlagen, und Mira fielen die Eltern des Kindes ein, die in Scheidung lebten.

Sie sagte es dem Arzt, der ein mitfühlendes Gesicht machte und ein Beruhigungsmittel verschrieb. Auf dem Rückweg schlief das Mädchen im Kinderwagen ein, und Mira dachte über die Tatsache nach, dass sich fast alle chilenischen Ehepaare, die nach Schweden kamen, scheiden ließen.

Sie hatte es selbst auch getan und wusste also, woran es lag.

Gott hatte geholfen, wie froh war sie doch gewesen, als die schwedischen Behörden ihren Mann in ein Flugzeug nach Argentinien setzten. Und ihr die Scheidungspapiere aushändigten.

Gar nicht zu reden von der Freude, als sie eines Tages mit eigenem Geld ein Bankkonto eröffnen konnte.

Sie hatte ein Bankkonto, das auf ihren Namen lautete, es war unglaublich!

Ihre Füße schwebten damals regelrecht übers Straßenpflaster, als sie aus der Bank nach Hause ging. Wie beim Tanz.

Das muss ich Inge erzählen, dachte sie.

Sie ging nach der Arbeit nicht nach Hause, sie hielt es in der Wohnung nicht aus, und sie wollte weder den Tabletten noch dem Kognak eine Chance geben. Ohne darüber nachzudenken, schlug sie den Weg zur Reihenhaussiedlung ein und stand nun vor Inges Haus mit dem Garten.

Sah das Unkraut an den felsigen Stellen und auch in den Beeten wuchern.

Jetzt wusste sie, was sie tun konnte.

Aber zuerst musste sie den Schlüssel bei der Nachbarin holen. Sie hatten sich irgendwann bei Inge während eines Kaffeeplauschs kennen gelernt. Und Inge hatte gemeint, die Nachbarin habe das Herz auf dem rechten Fleck. Aber Mira wusste längst, dass das bei den Schweden eher der Ausdruck für Dummköpfe und Trunkenbolde war.

Sie selbst hatte erst kürzlich erfahren, wo sie ihr Herz hatte. Es saß im Zwerchfell, genau dort, wo die Rippenbogen zusammenliefen.

Die Nachbarin freute sich, als Mira kam, sie hatte auch schon gesehen, wie wohl sich das Unkraut in Inges Blumenbeeten fühlte. Außerdem machten ihr der wachsende Postberg und die vielen Faxe vom Verlag Sorgen.

»Kannst du sie nicht anrufen?«

»Ich habe keine Nummer.«

Aber Mira wusste sie sogar auswendig. Sie hatte für Zahlen ein fotografisches Gedächtnis.

Also sagte sie die lange Nummer auf.

Die Nachbarin machte ein ganz erschrockenes Gesicht und meinte, vielleicht könne Mira das Anrufen übernehmen.

Klar konnte Mira das, aber zuerst wollte sie den Schlüssel haben, wollte sich im Haus Overall und Arbeitsstiefel holen.

Im Haus war schlechte Luft, sie öffnete sämtliche Fenster und Türen. Dann dachte sie, sauber machen wäre auch nicht schlecht, Inge würde das sicher nicht aufregen, sie würde es vermutlich nicht einmal merken.

Im herrschenden Durchzug las sie die Faxe von Inges Verlag. Man hatte irgendwelche Rechte nach irgendwo ins Ausland verkauft und dort brauchte man Zeit, um das Buch übersetzen zu lassen, also bitte, liebe Inge, beeile dich.

Und so weiter und so weiter. Jedes Fax endete mit: Melde dich umgehend.

Mira freute sich über die ungeduldigen Faxe, vielleicht würde Inge sich schnellstens auf den Heimweg machen. Also wählte sie die Nummer. Keine Antwort.

Ich versuche es später noch mal.

Sie nahm Pflanzschaufel, Kralle und ein kurzes scharfes Messer mit auf die kleine Anhöhe zu den Felsspalten. Während der Arbeit fühlte sie den alten Zorn in sich aufsteigen: »Verdammtes Teufelszeug«, sagte sie zu jedem Löwenzahn. Und als sie zum Hahnenfuß mit den langen eingewurzelten und zähen Ausläufern kam, wurden ihre Augen schmal: »Glaubt bloß nicht, dass ihr mich mit eurem verdammten Eigensinn kleinkriegen könnt.«

Nach etwa zwei Stunden begann ihr Rücken zu schmerzen, es war geradezu wohltuend, denn das Zwerchfell nahm es hin. Mira richtete sich auf, wusch sich in der Küche die Hände und ging wieder zum Telefon.

Inge hob sofort ab, sagte: »Wo hast du gesteckt, wir suchen dich schon den ganzen Nachmittag!«

Jetzt schlug Miras Herz so sehr, dass es wehtat.

»Gibt's was Neues?«

»Na ja, aber du sprichst am besten gleich selbst mit der Anwältin.«

Es meldete sich eine kultivierte chilenische Stimme, Mira erkannte den Oberschichtakzent und versuchte ihren Widerwillen zu überwinden.

Sie setzte sich hin.

»Gemäß behördlicher Auskunft ist die Frau mit dem Namen Otilia Narvaes schon nach kurzem Aufenthalt in einem Frauenlager gestorben.«

»Das ist nicht wahr. Dann hätte sie sich mir in den Nächten gezeigt.«

»Ich glaube Ihnen«, sagte die schöne Stimme. »Es ist immer einfacher, offizielle Anfrageformulare durch ein einfaches ›Verstorben‹ zu erledigen.«

Es wurde still im Telefonhörer. Mira hatte nichts weiter zu sagen. Nach einer Weile fuhr die Stimme fort: »Einer unserer … Mitarbeiter kennt eine Frau, die etwas älter als Ihre Tochter ist. Die beiden dürften sich gleichzeitig im Lager aufgehalten haben. Sie ist davongekommen und in England verheiratet. Wir verfolgen die Sache weiter und werden versuchen, mit ihr Kontakt aufzunehmen.«

»Danke«, sagte Mira. »Tausend Dank.«

Die Anwältin fuhr fort: »Sie haben nicht zufällig ein Foto von Ihrer Tochter?«

»Nein, ich konnte einzig ein Foto von meiner Mutter mitnehmen. Die beiden haben sich sehr ähnlich gesehen.«

»Ich melde mich wieder, wenn wir diese Frau in England gefunden haben.«

Sie sagten Buenas tardes, und Mira legte den Hörer auf.

Erst auf dem Heimweg fiel ihr ein, dass sie Inge nichts von den vielen Faxen gesagt hatte. Ich rufe morgen noch mal an.

Dann dachte sie, dass die Anwältin von Otilia als Frau gesprochen hatte. Sehr langsam wurde ihr bewusst, dass ihre Tochter jetzt erwachsen war.

Wie mochte sie aussehen?

Von diesem Augenblick an dachte Mira sich die Tagträume aus, die ihr das Überleben erleichtern sollten.

Der längste und schönste Tagtraum handelte davon, dass es Otilia gelungen war, von dem Panzerwagen abzuspringen und auf allen vieren in ein Haustor zu kriechen. Dort fand sie ein Holländer und brachte sie mit einem Taxi in seine Botschaft. Als man sich ausgiebig um das Kind gekümmert hatte und das Mädchen wieder zu sich selbst gefunden hatte, verliebte sich der Holländer in sie, die beiden heirateten und er konnte sie völlig legal außer Landes bringen.

Jetzt lebte sie als Gärtnersfrau in Holland. Mira konnte sie auf den Wegen zwischen den endlosen Tulpenbeeten einhergehen sehen, von denen Mira sich ein Bild aus einem Katalog ausgeschnitten und es an die Küchenwand geheftet hatte. Das Mädchen hatte den Gärtner an seiner Seite. Er war älter als sie, das war gut, dachte Mira.

Beim Nachhausekommen malte sie sich den Traum weiter aus. Jetzt saß Otilia auf einer Bank vor ihrem Haus, es war ein lang gestreckter, prächtiger Bau, den alten schwedischen Bauernhäusern ähnlich. Zwei Kinder spielten ihr zu Füßen, ein Junge und ein Mädchen …

Mira hatte Schwierigkeiten, sich Nahaufnahmen von den Kindern auszudenken, das ärgerte sie, denn sie war auf Familienähnlichkeiten neugierig.

Sie malte sich alles weiter aus, war sich, wenn sie im Bett lag, aber immer bewusst, dass es ein ganz blödsinnig zusammengedichtetes und total verlogenes Trostspiel war. So etwa würden die Schweden das ausdrücken.

Dann nahm sie ihre Schlaftablette und empfand eine gewisse Körperschwere, als sie Inge am nächsten Morgen anrief, um ihr von den Faxen vom Verlag zu berichten.

Inge freute sich, sagte, dass sie Heimweh habe und in London schon alle ihre Vorhaben erledigt hatte. Sie wollte den nächstmöglichen Flug nach Arlanda buchen.

Nicht lange danach rief Inge im Kindergarten an, um mitzuteilen, dass sie Samstag 13 Uhr in Schweden landen werde. Mira freute sich, sie würde bis dahin nicht nur im Garten alles gejätet, sondern auch das Haus sauber gemacht haben.

19

Sie verabschiedeten sich in Heathrow mit den üblichen Redensarten: Ingrid, wie schade es doch sei, dass Inge schon wieder abreisen müsse, Britta, dass sie sich viel mehr Gespräche erhofft habe, und Inge, dass es ihr Leid tue, aber sie müsse ihr Buch druckreif machen. Die Lizenzverträge würden einiges Geld bringen.

Inge ging lächelnd durch die Passkontrolle und dachte bei sich, dass keine die Wahrheit gesagt hatte. Alle drei waren sie erleichtert. Britta, weil sie die wachsamen Augen los war, die den Mann abschätzten, den sie liebte, Ingrid, weil sie sich jetzt endlich mit der Schwester auseinandersetzen konnte, die den Kopf verloren hatte. Und Inge, weil sie sich nach Hause sehnte.

An sich mochte sie London gern. Aber diesesmal hatte sie die Stadt von einer anderen Warte aus, nämlich mit Matildes Augen gesehen, die Huren, die Obdachlosen und die Tausende Einwanderer, die um einen Platz auf der untersten Stufe der Gesellschaftsordnung kämpften.

Während des Fluges kamen ihr Ausschnitte aus den Gesprächen der letzten Tage in den Sinn. Sie war irgendwie erstaunt, ihr Gedächtnis musste sich gebessert haben. Zunächst hörte sie Matilde sprechen: »Ich habe einen Mann, aber nicht so, wie du denkst. Er ist geistreich und intelligent und sorgt für mich.«

Und lächelnd fuhr sie fort: »Er hat eine ungewöhnliche Begabung für Freundschaft. Und er ist homosexuell, was bedeutet, dass ich ganz ich selbst sein darf. Kannst du das verstehen?«

»Ja. Ich habe auch so einen Freund gehabt. Und ich empfand es wie du, dass ich, frei von weiblichem Spiel, ihm gegenüber ehrlich sein konnte.«

Sie schwieg eine Weile und erinnerte sich dann: »Er hat mir über die schwierigen Jahre hinweg geholfen. Es fing damit an, dass er meine Kinder betreute, wenn ich abends arbeiten musste. Die Kinder liebten ihn, er nahm sie mit zum Skilaufen oder fuhr mit ihnen in die Stadt ins Kino oder ins Theater. Und er las ihnen Märchen vor, er war ein Literaturkenner und verstand sich wirklich auf die Kunst der Vermittlung.«

Mit belegter Stimme sagte sie: »Er war einfach da. Hörte sich geduldig mein elendes Gejammer darüber an, wie Leid ich mir selbst tat. Allen anderen Leuten sagte ich, es gehe mir gut, ich sei zuversichtlich und genieße meine Freiheit.«

»Aber dann habt ihr euch auseinander gelebt.«

Inge senkte die Lider, ihr Gesicht war verschlossen: »Er starb an Aids.«

Irgendwann brach Matilde das Schweigen: »Wir beide haben keine Schwierigkeiten, einander zu verstehen.«

»Nein. Seit unserer Taxifahrt versuche ich zu begreifen, was Folter und … Vergewaltigung für dich bedeutet haben. Ich hätte das nicht überlebt. Du bist viel stärker als ich, Matilde.«

»Da bin ich mir nicht sicher. Weißt du, sie haben dafür gesorgt, dass ich nicht sterben konnte. Infusionen, Spritzen, Drogen.«

»Gott im Himmel! Warum?«

»Sie hatten mich ja geschnappt, weil ich ihnen verraten sollte, wo mein Geliebter sich mit seinen Guerilleros versteckt hielt. Ich hätte ihn verraten, Inge, du musst das verstehen, ich hätte wirklich alles gesagt. Aber ich wusste nichts, dafür hatte Pedro gesorgt.

Ich habe keine Erinnerung daran, wann und wie sie mich wieder laufen ließen. Erst später erfuhr ich, dass sie mich einfach auf die Straße geworfen haben, weil sie Pedro erschossen hatten.

Manchmal blitzen in mir Erinnerungen an die Britische Botschaft und an menschliche Ärzte auf. Aber der Botschafter besaß einen Hund …

Dann wurde ich nach London geflogen und sofort in ein Krankenhaus gebracht.

Mein Sohn war damals vier Jahre alt.

Du wirst dir vorstellen können, wie das alles für ihn war. Seine Mutter war wieder da, aber seine Großmutter nahm ihn mit ins Krankenhaus, wo ein an Kanülen und schrecklich piepsende Apparate angeschlossenes weißes Paket lag. Das ganze Gesicht von Bandagen verdeckt. Die Narben von den Hundebissen in meinem Gesicht waren ja auch operiert worden. Die Engländer haben ausgezeichnete Fachärzte für plastische Chirurgie.«

Inge stöhnte auf, erinnerte sich, dass sie gedacht hatte, Matildes glattes Gesicht sei ein Zeichen dafür, dass das Leben sanft mit ihr verfahren war.

»Du wirst dich fragen, wie man mit solchen Erinnerungen leben kann. Man kann es nicht, man verdrängt sie. Das Tückische ist nur, dass sie of bei Nacht wieder Gestalt annehmen und manchmal auch bei Tag, wenn ein entsprechendes Wort fällt. Man stürzt dann in einen bodenlosen Abgrund der Schrecken.

Es war dieser Freund, von dem ich sprach, der mich erkennen ließ, dass ich durch diese Hölle gehen, mich an jeden Schritt erinnern, meinen Freunden davon erzählen musste. Und dass ich mit Menschen zu arbeiten anfangen sollte, die ähnliche Erfahrungen hinter sich hatten.

Du kennst diesen merkwürdigen Trost, wenn dir bewusst wird, dass du nicht allein bist mit … mit dem Unfassbaren.

Ich bin nie Nanos Mutter geworden, dafür war es zu spät«, fuhr Matilde fort, und es war das einzige Mal während dieses Gespräches, dass sie nahe daran war, zusammenzubrechen.

»Die Mutter, die er hatte, war seine Großmutter, eine prinzipientreue Dame mit festen Vorstellungen, wie Jungen zu Männern zu erziehen sind. Doch auch sie verließ ihn. Sie starb einen langsamen Krebstod. Übrig blieb für den Jungen der Großvater, der in einer Vergangenheit lebt, die es nie gegeben hat. Und der nur ein einziges Ziel für den Jungen hatte: Er sollte ein englischer Gentleman werden.«

Inge konnte sich nicht erinnern, wie sie und Matilde an diesem Nachmittag auseinander gegangen waren.

Aber sie erinnerte sich an das Gespräch mit Britta. Sie saßen bis tief in die Nacht auf Inges Bett. In der Pension war es kalt, sie wickelten sich in eine bereitliegende zweite Decke, und Britta war klug und vernünftig. Und zornig.

»Ich weiß, was du denkst, Mama. Dass Nano ein Niemand ohne Identität und eigenen Willen ist. Aber du hast keine Ahnung, was er hinter sich hat.«

»Doch, Matilde hat es mir erzählt.«

»Ach ja? Das ist allerdings eigenartig. Ich dachte, sie hat nicht den Mut, zuzugeben …«

Inge schwieg.

»Tut es ihr Leid, dass sie sich nicht um ihn gekümmert hat?«

»Das habe ich sie nicht gefragt. Im Vordergrund steht ja nun die Sache mit der großen Liebe, die ich nicht verstehe und die du so ernst nimmst.«

Sie konnten darüber lachen.

»Du bist nicht so vernünftig, wie du glaubst, Mama.«

»Okay, sieh mich an. Ich war ebenso sicher wie du, als es um die einzige Liebe meines Lebens ging.«

»Und du hattest ja Recht. Du hast nie wieder geheiratet. Lars zum Beispiel, der war ein netter Kerl.«

Sie sah Inge fragend an, ehe sie fortfuhr. »Denke einmal darüber nach, was du für Papa empfindest, du hast doch selbst gesagt, du liebst ihn immer noch.«

»Aber ich habe mich recht schnell wieder berappelt.«

»Bist du sicher?«

»Nein.«

»Mama, du hast einen großen Fehler. Du erlaubst dir nie, dich selbst zu bedauern.«

»Ich weiß, dass es für mich und Nano nicht leicht werden wird.«

Brittas Stimme wurde härter: »Ich habe eine solche Wut auf dieses Internat, du weißt bestimmt besser als ich, wie es den Kindern in diesen vornehmen englischen Schulen geht. Aber Nano hat durchgehalten. Das war sein Kampf um eine eigene Identität. Er wollte ein Engländer werden. Aber er musste bald erkennen, dass das nicht möglich war. Er würde nie und nimmer als solcher anerkannt werden. Der Akzent stimmte. Aber da waren seine Haare und die Hautfarbe. Begreifst du?«

»Ja«, sagte Inge und dachte an Mira.

Aber sie dachte auch an das Erbe, das sie ihren Töchtern mitgegeben hatte, das Mitleids-Syndrom, das Betreuungsbedürfnis. Das, wogegen sie fast täglich ankämpfen musste, und das bei ihr mit den Jahren zu dieser harten Schale geführt hatte.

Sie war verwundert, als die Maschine zur Landung in Arlanda ansetzte, und froh, als sie der bewaldeten Tundra entgegensank.

Ich nehme mir ein Taxi vom Flughafen nach Hause, dachte sie.

Aber kaum hatte sie den Zoll hinter sich, sah sie Nestos strahlend weißes Lächeln und seinen winkenden langen Arm. Im nächsten Moment erkannte sie, dass sie sich insgeheim gerade das erhofft und Mira aus diesem Grund gesagt hatte, dass sie um 13 Uhr lande.

»Mein Gott, bist du lieb«, sagte sie, als sie ihn umarmte. »Ich habe mich vor dem vielen Umsteigen schon gefürchtet, wenn ich mit dem Bus nach Hause fahre.«

»Ich habe eine Überraschung für dich«, sagte Nesto. »Komm mit.«

Und dort stand er, ein kleiner japanischer Wagen, erdbeerrot und ein wenig gedrungen, aber er glänzte, als wäre er neu.

»Du musst ihn nicht kaufen«, sagte Nesto. »José hat ihn entdeckt, ein echter Fund. Zehntausend Kronen. Wir haben ihn durchgecheckt, einiges ausgetauscht, und jetzt ist er perfekt.«

Inge war sprachlos.

»Der ist leicht zu verkaufen, du brauchst es also nur zu sagen, wenn du ihn nicht haben willst.« Nesto hatte ihr Schweigen völlig missverstanden.

»Klar will ich den haben.«

»Habe ich mir doch gedacht«, lachte Nesto und legte ihre Tasche in den Gepäckraum. Gab ihr die Schlüssel.

»Es ist ein Automatik.«

Inge lächelte ihn an: »Ich habe schon begriffen, dass das ein Auto ist.«

Nesto lachte schallend: »Bist du so dumm, oder tust du nur so? Das ist ein Auto mit automatischer Gangschaltung. Die gnädige Frau braucht jetzt also nur das linke Bein an einer Stelle zu parken, wo es nicht im Weg rumsteht.«

»Schon verstanden, die Kupplung fehlt.«

»Richtig.«

Auf den ersten zehn Kilometern zuckte es immer wieder in Inges linkem Bein. Und in der rechten Hand, die automatisch nach der Gangschaltung greifen wollte. Dann hatte sie sich eingewöhnt und genoss die Fahrt. Es ging flott dahin, Nesto warnte mehrere Male: »Achtung, hier darf man nur siebzig fahren!«

Als sie sich der Reihenhaussiedlung näherten, sagte Nesto: »Inge, wir machen uns wegen Mutter Sorgen. Sie hat sich verändert, wirkt irgendwie bedrückt. Sie nimmt zu viele Medikamente, und manchmal trinkt sie auch.«

Es wurde still, das Auto verlor an Geschwindigkeit.

»Ich habe es ihrer Stimme angemerkt«, sagte Inge schließlich. »Sie ist dünn und ohne Klang.«

»Ja, sie ist insgesamt so geworden.«

»Wartet sie zu Hause auf mich?«

»Nein.«

»Ich rufe sie an.«

»Gut. Ich muss nämlich sofort weiter.«

Nestos Bus stand vor Inges Haus, und er stieg sofort ein.

»Neue Fuhre in Arlanda abzuholen«, rief er. »Diesmal Touristen.«

20

Inge ging durch ihren Garten und sah, dass das Unkraut gejätet und alles in schönster Ordnung war. Oben im Steingarten blühten die kleinwüchsigen Narzissen. Und die Traubenhyazinthen. Und ihre wunderschönen gefüllten Buschwindröschen. Wie kleine weiße Rosen sahen sie aus.

Aber sie konnte sich nicht freuen.

Nicht einmal über den Duft und den Gesang der Vögel.

Sie sah sich die Faxe an, die schön ordentlich gestapelt neben dem Telefon lagen, rief ihre Verlagslektorin an und sagte ihr, sie sei jetzt wieder zu Hause und rechne damit, in zwei Wochen fertig zu sein.

Ihr Herz schlug hörbar, als sie Mira anrief.

»Ich bin's. Bin soeben nach Hause gekommen.«

»Willkommen«, erwiderte die dünne Stimme.

»Nesto hat mich mit dem neuen Auto abgeholt. Hast du's schon gesehen?«

»Nein.«

»Du, ich denke, wir könnten zusammen eine Probefahrt rauf zu den Seen machen. Kommst du mit?«

Schweigen. Inge überlegte, wie Mira geantwortet hätte, wenn alles wie früher gewesen wäre: »Prima! Ich sorge für Proviant.« Jetzt sagte sie: »Können wir machen.«

»Ich hole dich in einer halben Stunde ab.«

Mira stand schon vor der Haustür, und Inge sah, dass sie kleiner geworden war. Genau wie ihre Stimme an Farbe und Klang verloren hatte.

Inge stieg aus dem Auto und umarmte Mira. Aber sie kam ihr nicht entgegen, der magere Körper war erstarrt.

»Ich muss mich dafür bedanken, dass du meinen Garten gejätet hast.«

Mira nickte, sagte: »Das Haus habe ich auch geputzt.«

»Ist mir noch gar nicht aufgefallen.«

»Damit habe ich auch nicht gerechnet.«

Was in aller Welt soll ich tun, dachte Inge. Sie legte den ersten Gang ein und gab Gas. Das Auto heulte vor Schreck auf. Zum ersten Mal lachte Mira und sagte boshaft: »Du wirst es bald zugrunde gerichtet haben.«

Dann saßen sie schweigend an dem schönen See, bis Inge, nervös geworden, von der Familie Larraino und diesem verrückten alten Señor, diesem Dinosaurier, zu erzählen begann.

»Das ist in Chile eine ganz normale Sorte Mensch«, sagte Mira. »Wir nennen sie Mumien.«

»Aber seine Tochter … Die ist unsere Anwältin.«

Nach einer Weile sagte Mira: »Das klingt ja fast verliebt.«

In ihrer Stimme schien etwas von dem alten Zorn mitzuschwingen. Inge wagte nicht zu lachen, sondern erzählte weiter von Matildes Liebe zu dem jungen Revolutionär und dem Sohn, den sie vernachlässigt hatte.

»Was ist das nur für ein Mensch«, sagte Mira verächtlich.

Schweigend fuhren sie nach Hause. Die alte Vertrautheit war verschwunden und beide waren traurig darüber.

Als sie sich der Haustür näherten, wagte Mira einen Versuch: »Ich hätte dir gern von meinem Bankkonto erzählt«, sagte sie.

»Hast du Schwierigkeiten damit?«

Mira schüttelte den Kopf, alles schien vergebens.

Als sie sich trennten, sagte sie trotzdem: »Ich komme morgen und kümmere mich um dein Gewächshaus. Die Blumen müssen ins Freie.«

»Ja, in den Wind und die Sonne«, erwiderte Inge und versuchte fröhlich zu klingen.

Es war ein verlogener Augenblick, und das wussten sie beide.

21

Inge war in der Nacht von ihrem eigenen Weinen aufgewacht. Es gelang ihr aber, wieder einzuschlafen.

Morgens versuchte sie sich einzureden, dass das Leben weitergehen müsse. Sie trank ihren Kaffee und stellte fest, dass Mira an sie gedacht hatte, alles war vorhanden, Brot, Butter, Käse und Marmelade.

Dann sah sie die Post durch: Rechnungen, Einladungen zu fünfzigsten Geburtstagen, ein Brief von einem alten Freund, über den sie sich freute – und eine Ansichtskarte aus Westindien.

Ein Bekannter, der mit seiner Urlaubsreise angeben will, dachte sie, drehte die Karte um und erkannte die Handschrift sofort: Jan!

Verrückt, dachte sie, als sie die wenigen Zeilen immer wieder las: »Ich möchte nicht, dass du dir Sorgen machst. Mit mir ist alles in Ordnung. Hier fehlt es an guten Informatikfachleuten.«

Inge wurde wütend, warum soll ich mir seinetwegen Sorgen machen, so ein eingebildeter Schwachkopf. Dann dachte sie an Marylin, die beiden kleinen Jungen und das verschwundene Geld.

Sie rief in London an.

»Mama!«, schrie Britta. »Wo ist die Karte abgestempelt?«

»Ich kann den Poststempel nicht entziffern, aber es sieht nach so einem verdammten Inselparadies aus.«

»Schick sie her, Mama, die muss zur Polizei.«

Inge verbiss sich ihren Ärger, versprach es aber.

»Heute ist Sonntag«, sagte sie. »Selbst wenn ich sie per Eilboten schicke, dauert das zwei Tage.«

»Moment mal. Wir rufen Marylins Bruder an und lassen dann wieder von uns hören.«

Während Inge auf das Gespräch wartete, liefen ihr widersprüchliche Gedanken durch den Kopf: Ich will nicht, ich will nicht.

Ich muss.

Dann telefonierte sie mit einer ruhigen englischen Stimme. Konnte sie die Ansichtskarte mit einer Übersetzung des Textes faxen? Jetzt gleich?

»Ja.«

Sie bekam eine Nummer und eine Adresse. Und versprach, die Ansichtskarte als Eilbrief zu schicken. Dann dachte sie an Matilde: »Du musst verstehen, ich hätte ihn verraten, wenn …«

Aber sie, Inge, war ja keiner Folter ausgesetzt.

Sie ging ihr Manuskript durch, nahm einige Korrekturen vor. Sah sich die Kapiteleinteilung an und dachte, dass eigentlich nur noch eine Zusammenfassung fehlte. Das würde kaum Mühe machen.

Um elf Uhr kam Mira, sie versuchten einander anzulächeln. Auf dem Weg ins Treibhaus konnten sie fast wie früher miteinander reden, es gab so viel Praktisches: Welche Pflanzen in welche Töpfe? Und wo sollten sie stehen?

»Hörst du die Vögel singen?«

»Ja.« Mira lächelte zwar, aber irgendwie gequält.

Inge arbeitete an ihrem Schreibtisch, Mira topfte um und bereitete irgendwann ein tiefgefrorenes Hähnchen mit Reis zu. Sie aßen, Inge wagte eine Frage:

»Wie war das mit deinem Bankkonto?«

»Du kapierst wie immer gar nichts.«

Gegen Abend brachte Inge Mira nach Hause, sagte: »Zeigst du mir, wie es deinen afrikanischen Lilien geht?«

»Warum nicht.«

Die Wohnung war tadellos in Ordnung. Den Lilien ging es gut, aber sie zeigten noch keine Blütenknospen.

»Die kommen schon noch«, sagte Inge.

»Möchtest du einen Kognak?«

»Nein, ich muss ja Auto fahren.«

Inge wusste sofort, dass Mira sie los sein wollte.

Was soll ich nur tun, dachte sie, als sie die Treppe hinunterlief.

Zu Hause klingelte das Telefon. Es war dieser höfliche Engländer, der ihr mitteilte, dass die Polizei den Poststempel auf dem Fax nicht hatte entziffern können. Hatte sie die Ansichtskarte schon abgeschickt?

»Ja, heute Vormittag per Eilbrief«, sagte Inge so kurz, dass ein Missverständnis nicht möglich war.

Als sie den Hörer auflegte, dachte sie an Jan, seine Verletzlichkeit, seine Unruhe. Er hatte ihr vertraut. Pfui Teufel. Verräterin, sie war eine Verräterin.

Die Abendstunden widmete sie der Erinnerung an Jan. Ihr fiel ein, wie er jedes Mal verschwunden war, wenn die Kinder krank waren, wie sie selbst auf dem Notbett im Kinderzimmer gewacht und gegen den Schlaf angekämpft hatte, immer allein auf sich gestellt. Dann konnte er in den Morgenstunden heimkommen, reichlich angetrunken und … Nein! Doch, er hatte sie vergewaltigt.

Auf diese Weise bekam er, wenn auch nur vorübergehend, seine Schuldgefühle erfolgreich in den Griff und konnte schlafen gehen.

Die Wochen schlichen dahin, Inge schrieb wie besessen, Mira kam manchmal nach der Arbeit vorbei, sie sprachen nur übers Wetter. Dass Skandinavien weiter von Sonne und Wärme verwöhnt wurde. An einem Samstag Anfang Juni kam Ingrid nach Hause zurück.

Und alles war, wie es sein sollte, zumindest für die ersten Stunden. Ingrid brachte gute Neuigkeiten mit, Britta hatte sich für das Medizinstudium qualifiziert. In Stockholm.

»Sie will doch wohl nicht …?«

»Nein, ganz übergeschnappt ist sie nicht. Du weißt ja, wie sie sich dafür ins Zeug gelegt hat. Denk doch nur an dieses schreckliche Praktikum im englischen Krankenpflegedienst.«

»Und Nano?«

»Frag sie selbst.«

Dann kam der Zeitpunkt, wo Inge von Mira erzählen musste.

»Verschlossen, abgestumpft, boshaft«, sagte sie.

»Ihre Söhne?«

»Haben auch keinen Zugang zu ihr. Sie sind, genau wie ich, ganz außer sich vor Sorge.«

Am Nachmittag tauchte Nesto auf, schaute Ingrid an und meinte: »Solche Frauen wie dich habe ich bisher nur auf Fotos gesehen.«

»Komm mir bloß nicht mit der alten Masche von wegen schwedische Schönheit. Das macht auf mich keinen Eindruck«, sagte Ingrid.

»Schon verstanden.«

Inge und Nesto gingen ins Arbeitszimmer, um das Geschäftliche zu erledigen. Nesto hatte eine richtige Firmenrechnung mit Mehrwertsteuer und allem Drum und Dran mitgebracht. Inge lächelte erleichtert, das konnte sie ohne Schwierigkeiten schaffen. Aber sie sagte: »Warum verlangst du eigentlich für die Überprüfung des alten Autos nichts?«

»Man kann sich ja auch mal was schenken lassen. Inge, was machen wir mit meiner Mutter?«

Und wieder wagten sie einander kaum anzusehen.

Ingrid und Inge saßen die halbe Nacht beisammen und redeten und redeten, bis alles gesagt war, ausgeräumt, dachte Inge erleichtert, als sie schließlich ins Bett kroch.

Sie schlief und schlief.

Und wachte erst auf, als die Sonne schon hoch am Himmel stand. Und sie Stimmen in der Küche hörte.

Mira, die sehr wohl wusste, dass sie boshaft und ungerecht war, hatte eine Methode gefunden, sich zu entschuldigen. Sie kochte zu Hause bei Inge ein gutes Essen, wusch und bügelte, stellte Inge eine Tasse frisch gebrühten Kaffee auf den Schreibtisch.

Sie begriff nicht, dass sie damit alles nur noch schlimmer machte.

An diesem Sonntagmorgen hatte sie Hefeteig mitgebracht, den sie schon bei sich zu Hause hatte aufgehen lassen. Jetzt wollte sie Inge mit dem Duft frisch gebackener Hefeteilchen wecken.

Als sie das Gebäck gerade in den Ofen geschoben hatte, hörte sie jemanden die Treppe herunterkommen. Und erblickte einen Engel.

Die lichte Gestalt nahm langsam, fast schlafend, Stufe um Stufe, sagte: »Hier riecht's aber gut.« Dann entdeckte sie Mira, ging auf sie zu und umarmte sie.

»O Mira!«, sagte sie. »Mama hat mir so viel von dir und deiner Tochter erzählt.«

Sie weinte, die Tränen flossen, sie waren echt, sie küsste Miras Wangen und grub sich immer tiefer in ihre Umarmung ein. Mira war hingerissen, eine junge Inge, der etwas eigen war, was ihrer Mutter fehlte. Oder was sie nie zu zeigen wagte.

Sie roch wie ein Kind nach Schlaf und Seife und einem Shampoo mit Blumenduft.

Mira schob sie von sich, schaute prüfend in die großen blauen Augen und dachte noch einmal, dass dieses Mädchen ein Engel war. Und dass diese Sorte meist etwas Unberechenbares an sich hatte.

Dann verlor sie die Fassung, warf sich weinend über den Küchentisch.

Der Engel sagte Gott sei Dank nichts, setzte sich nur auf den Küchenhocker, legte seinen Kopf in Miras Schoß und weinte mit.

So fand Inge die beiden und sagte: »Das ganze Haus riecht nach verbranntem Kuchen.«

Ingrid und Mira hatten den gleichen Gedanken: typisch.

Aber Inge riss den Backofen auf, und die Küche füllte sich mit Qualm.

»Raus mit euch«, sagte sie. »Setzt euch in die Laube und heult dort weiter.«

Sie ist eigentlich gar nicht so dumm, dachte Ingrid und trabte Arm in Arm mit Mira ins Freie.

Die Laube war für untröstliches Tränenvergießen wie geschaffen.

Inge machte sich eine Tasse löslichen Kaffee und fand im Gefrierfach eine harte alte Zimtschnecke. Dann ging sie an ihren Schreibtisch.

Der Tag im Reihenhaus gestaltete sich eigenartig. Lautlos, geheimnisvoll. Aber am Nachmittag rief Matilde aus London an. Sie hatten die Frau gefunden, die mit Otilia im Lager gesessen hatte. Sie hatte sich bereit erklärt, Señora Narvaes und deren Familie in der kommenden Woche zu empfangen.

»Sonst nichts?«

»Nein«, sagte Matilde. »Sie will wahrscheinlich ganz sicher sein, bevor …«

Sie schwiegen und kamen zu demselben schwerwiegenden Schluss.

Inge bekam Adresse und Telefonnummer in einem Dorf in Schottland.

»Sie ist mit einem Schafzüchter verheiratet«, erklärte Matilde.

22

Mira lag auf Inges Bett. Ihr Gesicht war verquollen, aber sie hatte sich beruhigt.

»Ich bin kein dummer, boshafter Mensch«, sagte sie laut.

Sofort entstand eine milde, positive Atmosphäre. Gott hörte endlich zu. Sie setzte sich im Bett auf, faltete die Hände und sprach: »Es war hässlich von mir, dich bestechen zu wollen.«

ER stimmte ihr zu. Doch dann sagte er, der Mensch erträgt nicht zu viel Wirklichkeit.

Mira musste eine Weile nachdenken, bis sie verstand.

»Zumindest nicht zu viel auf einmal«, sagte sie.

Gott sagte, ihre Zeit des Trauerns sei nun gekommen.

Sie dachte an Janvier ihren Sohn, der während des Ausgehverbotes ermordet worden war. Sie hatte sich nie die Zeit genommen, um ihn zu trauern.

Sie zog das Bild von Otilia hervor, auf dem sie in Holland durch Tulpenfelder schritt.

Beim Betrachten schnaubte sie. Laut.

Dieses Mal war sie ganz sicher, dass sie Gott lachen hörte.

Von weit her war ihr, als klingle das Telefon in Inges Arbeitszimmer.

O Dios, dachte sie, heute ist ja Sonntag. Und niemand in diesem Haus hat bis jetzt etwas zu essen bekommen, nicht einmal Frühstück.

Inzwischen konnte sie über das verbrannte Hefegebäck lachen.

Sie ging in die Küche und fand noch ein tiefgefrorenes Hähnchen. Besser als gar nichts. Sie hörte, wie Inge das Telefongespräch beendete, sie sprach englisch, und Mira fühlte ihr Herz ängstlich schlagen. Als Inge aber in die Küche kam, fragte sie: »Wo ist Ingrid?«

»Ich glaube, sie duscht.«

Inge schaute Mira lange an, das Weiße in ihren Augen war gerötet, der Blick jedoch gelassen. Herr im Himmel, wie soll ich ihr das sagen?

Sie setzten sich an den Küchentisch, sahen einander stumm an. In diesem Augenblick kam Ingrid in Jeans und weißem Blusenhemd die Treppe herunter. Nasse Haare, verschwollene Augenlider.

»Mein Engelskind«, sagte Inge.

»Ist sie immer so gewesen?«, fragte Mira, und Inge nickte und dachte daran, wie oft sie sich um dieses von Natur aus gutmütige Kind gesorgt hatte.

Dann nahm sie sich zusammen und erzählte von dem Gespräch mit London.

»Mrs. Drummond weigert sich, mit jemand zu sprechen, der nicht Otilias Familie angehört«, begann Inge.

Das klingt wie das Gotteswort, eine Zeit, zu trauern, dachte Mira.

»Mira, hast du einen Reisepass?«

»Ja.«

»Wir müssen deine Söhne verständigen.«

»Würdest du das wohl übernehmen?« Es klang kleinlaut.

»Ja, natürlich.«

Inge erreichte Nesto, der gerade in der Garage unter einem Bus lag. Er musste am nächsten Tag nach Polen fahren.

»Du musst auf alle Fälle heute Abend hierher kommen«, sagte Inge in sehr strengem Ton, und er erwiderte, das sei okay, also in einer Stunde.

Auch José erreichte sie über Handy. Doch, er werde kommen. Aber er musste vorher Lars-José zu Hause abholen. Seine Frau müsse heute Nacht arbeiten, sagte er. Ob Inge wohl bei Kristina anrufen und es ihr erklären könne?

»Klar«, sagte Inge.

Inge hatte Kristina schon kennen gelernt und das hübsche Mädchen aus ihrer Klasse sofort wiedererkannt, große Brüste und lebhafte Augen hinter langen Wimpern, einladende Mundwinkel. Mehr Lachen als Gekicher. Nicht unbegabt, aber, was die Schule betraf, völlig desinteressiert.

Sie hatte diese Art Mädchen gemocht und als Opfer frühzeitiger Hormonausschüttungen, wie sie es im Lehrerkollegium ausdrückte, oft verteidigt.

Wenn sie letztlich beim richtigen Mann landeten, konnten sie gute Ehefrauen und Mütter werden.

Jetzt erzählte Inge Kristina von dem Anruf aus England und dass sie schon nächste Woche nach Schottland fahren mussten.

»Aber das bedeutet ja …«

»Das wissen wir nicht. Und sie will sichergehen …«

»Rede José bitte zu, dass er mit Mira dorthin fährt. Ich habe nächste Woche ziemlich viel frei, und außerdem habe ich ja meine Mutter. Ich schaffe das …«

Nun waren die beiden Söhne da. Nesto hielt die Hand seiner Mutter, während Inge von dem Gespräch berichtete. Sie mussten fahren …

Man beratschlagte, welcher Tag wohl in Frage käme, aber Inge unterbrach die Überlegungen und meinte: »Wir werden die schottische Dame entscheiden lassen.«

Alle nickten, Inge wählte die Nummer, eine Knabenstimme antwortete, sie bat, mit Mrs. Drummond sprechen zu dürfen. Während des Wartens sagte sie zu Mira, sie solle den Hörer übernehmen, sie sei schließlich die nächste Verwandte.

»Ich kann kein Englisch.«

»Klar spricht sie spanisch.«

»Ich will mit!«, schrie Lars-José, schwieg aber sofort, als er den Ernst in Josés Stimme hörte, der kurz und bündig nein sagte.

»Der Dienstag wäre angenehm«, sagte Mira, als sie den Hörer auflegte. »Da ist Eloiza den ganzen Tag allein zu Hause.«

»Inge, wir sprechen aber kein Englisch!«

Da lächelte der Engel sie an und sagte: »Ich komme mit.«

23

Inge würde ein paar Tage alleine sein. Es kam ihr gelegen, sie brauchte Zeit für sich selbst. Das Manuskript war fertig, auf Diskette an den Verlag geschickt.

Und ihr Garten blühte in hellen, frühsommerlichen Farben.

Am Abend vor Ingrids Abreise tranken sie zum Abschied ein Glas, und Ingrid sah ihre Mutter besorgt an: »Du wirkst so abgekämpft.«

»Ich mache mir Sorgen. Um Mira und um Jan. Und um Britta.«

Verlegen schwenkten sie den Rotwein in ihren Gläsern.

»Ich habe gar nicht gewusst, dass du dir Sorgen um Britta machst. Du hast, als du in London warst, durchaus wohlwollend und eher amüsiert gewirkt.«

Inge errötete vor Zorn. Das Gespräch stockte wieder.

Dann machte sie es wie immer, wich ins Allgemeine aus: »Es ist nicht leicht, erwachsene Kinder zu haben. Eine Mutter darf sich nicht einmischen, darf nicht einmal eigene Ansichten haben. Sie muss danebenstehen, machtlos. Wenn sie gut drauf ist, setzt sie dieses verdammt verständnisvolle Mamagrinsen auf.«

Sie wurde immer lauter, bis Ingrid einwandte: »Wer zwingt dich dazu?«

»Ich«, sagte Inge und dachte an ihre eigene Mutter, die sie oft geradezu gehässig vor Jan gewarnt hatte.

In der aufkommenden Stille konnten sie den Abendgesang der Amsel hören.

»Mama, vielleicht schaffen Britta und Nano es besser, als wir glauben.«

Inge schwieg, aber ihr Gesichtsausdruck sagte: Weiß der Teufel.

Sie erhoben die Gläser und stießen auf die Liebe an.

Sie saßen im Freien, der Uhrzeit nach war es schon Abend, aber die Sonne sandte schräge Strahlen durch den Garten mit den leise raunenden jung belaubten Bäumen. Der Ahorn blühte, und der laue Wind roch nach Honig.

Nach einer Weile fragte Ingrid: »Warum machst du dir eigentlich wegen Papa Sorgen?«

»Ich mache mir keine Sorgen. Aber ich fühle mich wie ein Verräter.«

»Ich glaube, ich kann dich verstehen. Und dann ist da ja auch noch Mira.«

»Ja.«

Als sie gegen Mitternacht zu Bett gingen, war es draußen immer noch hell, aber der Himmel war unergründlich. Ingrid würde am nächsten Morgen um fünf Uhr von José abgeholt werden. Inge nahm sicherheitshalber eine Schlaftablette. Ihr letzter Gedanke an diesem Abend war, dass sie jetzt Zeit für ihr Tagebuch haben würde.

Sie wachte trotz allem auf, als das Auto vorfuhr, schlüpfte in ihren Morgenrock und lief die Treppe hinunter. Umarmte Mira kurz, fühlte, dass sie entspannter war und dachte: Sie ahnt nicht ...

Dann ging sie wieder ins Bett und versuchte noch einmal einzuschlafen. Es gelang nicht. Sie blieb noch eine Weile liegen, in Gedanken mit Britta und Nano beschäftigt. Was konnte nicht alles passieren, wenn ihre Tochter nach Schweden zurückkehrte und ganz in dem schwierigen Studium aufging. Würde die Verliebtheit wie eine Grippe vorübergehen?

Wunschdenken.

Mit ebensolcher Wahrscheinlichkeit konnte die Liebe sich, genährt durch Entfernung und Träume, zur Leidenschaft auswachsen. Nein, das auch nicht. Leidenschaft setzt das Unerreichbare voraus, beispielsweise eine Frau in Australien oder einen verheirateten Mann.

Er ist niemand, hatte Britta von Nano gesagt.

Wer niemand ist, besitzt vielleicht die außerordentliche Fähigkeit, andere Menschen widerzuspiegeln.

Dachte Inge, schämte sich aber. Sie wusste nichts von Nano Larraino. Und hatte, was die große Liebe betraf, nur wenige und zudem schlechte Erfahrungen.

Ihre Gedanken waren nahe daran, sich in Richtung Jan zu verlieren. Das wollte sie nicht, entschlossen stieg sie aus dem Bett, ging ins Badezimmer und blieb dort stehen, um ihr eigenes Spiegelbild zu betrachten. Wie schon so oft, auch schon vor der Zeit mit Mira und vor allen anderen Ereignissen, die ihr Leben durcheinander gebracht hatten.

Und dann fragte sie sich wie üblich, ob die Augen die einfachsten Dinge überhaupt wahrnahmen. Ob sie nicht immer zu spät dran waren, wenn sie nach althergebrachten Vorlagen auswählen, ausschließen oder zusammensetzen sollten.

Erwachsene Augen sind nie unschuldig, dachte sie, schloss die Augen vor dem Bild im Spiegel und putzte sich die Zähne. Als sie aber ihre Haut eincremte und danach die Haare zu bürsten begann, konnte sie ein anderes Bild hinter jenem ahnen, das der Spiegel wiedergab. Eine junge Inge, Ingrid ähnlich, nicht so schön, aber doch einigermaßen hübsch.

Sie war es gewesen, die sich in Jan verliebt hatte.

In diesem Augenblick erkannte sie, dass sie gewichtigere Gründe gehabt hatte als Britta, auf Warnsignale zu achten. Nano war ein junger Mann, der vielleicht erwachsen werden würde. Jan war schon erwachsen gewesen, ein willensstarker Mann mit klaren Zielsetzungen. Ihm ging es nicht um Liebe, nur um Sex.

Bin ich jetzt ehrlich?

Sie zog ein bequemes Blusenhemd und eine alte lange Hose an und ging in die Küche, um Kaffee zu kochen. Ihre Gedanken bewegten sich im Kreis: Sie selbst? Wie war sie, diese hübsche Fünfundzwanzigjährige, gewesen?

Einsam und ausgehungert. Sie war keine von denen, die sich einfach bedienten, als der freie Sex die alten Verhaltensmuster sprengte.

Ich war eine blauäugige Träumerin, die zu viele romantische Gedichte gelesen hatte. Zwei Hälften mussten zu einem Ganzen mit denselben Zielen und Bedürfnissen werden.

Herrgott! Selbstverständlich durfte dieses Mädchen sich all seiner Träume aus Jugendjahren erinnern. Sie wollte frei sein, völlig unabhängig, wollte ihr Recht niemals aufgeben, stets auf eigenen Beinen zu stehen.

Und das tat sie auch, aber dann kam es so, wie es eben gekommen war.

Inge setzte sich mit ihrer Kaffeetasse oben auf der Felskuppe in die Sonne. Dicke Hummeln summten in den gefüllten Blüten der Buschwindröschen.

Sie hatte mit Matilde über die Liebe gesprochen, die wie ein Blitz einschlägt und alle Vernunft ausschaltet. Sie hatten, jede mit einer Tasse Tee, in einer Londoner Bar gesessen.

Matilde hatte behauptet, Verliebtheit sei ein Wiedererkennen auf niedrigster Ebene. Dort ist der andere, der meine Gedanken denkt, alles so sieht wie ich, der fühlt wie ich und Dinge von mir weiß, die ich geheim gehalten habe. Nicht einmal vor mir selbst zugegeben habe.

Es ist wie ein Wunder, hatte sie gesagt. Keine Ausgrenzung mehr. Du darfst die sein, die du bist, du hast nichts zu verbergen, nichts zu verteidigen.

Inge hatte geschwiegen, erstaunt und brüskiert. Aber schließlich hatte sie energisch erwidert, das klinge doch stark nach Projektion.

Sie erinnerte sich, dass Matilde sie mitleidig angesehen hatte, etwas, was Inge nicht vertrug. Sie musste fragen: »Was, glaubst du, wäre aus eurer Liebe geworden, wenn ihr heiraten und ein langes normales Leben miteinander hättet verbringen können?«

»Wir wussten … ohne es jemals ausgesprochen zu haben … dass der Tod unser ständiger Begleiter war. Diese Gewissheit stand in Pedros Blick, lag in seinen Händen und seiner unwahrscheinlichen Zärtlichkeit.«

Inge hatte glücklicherweise nicht ausgesprochen, was sie dachte, dass nämlich das Mysterium des Todes sich mit dem der Liebe vereint hatte.

Jetzt, hier oben in ihrem Steingarten, konnte sie zugeben, dass sie Neid verspürt hatte.

Ihre Gedankengänge wurden von der Nachbarin unterbrochen, die herüberkam, um Inge zu bitten, ihren Cäsar, den großen gelben Kater, der gern durch die Gärten der Reihenhaussiedlung streunte, im Auge zu behalten. Kerstin musste in der Stadt Besorgungen machen.

Inge mochte diesen Kater. Er war alt und viel zu faul, um Vögel zu jagen, ein Geschöpf, das sich einem vertrauensvoll auf den Schoß legte, schnurrte und sich unerforschlichen Gedanken hingab.

Sie übernahm also die Dose mit dem Katzenfutter und nickte: »Selbstverständlich.«

Dann sprachen sie eine Weile übers Wetter, über diesen seltsamen Frühling und den zeitigen Sommer.

»Wir brauchen Regen, es ist so trocken, dass die Erde staubt.«

Na klar, ich muss gießen, dachte Inge, und dann fragte sie zu ihrer eigenen Überraschung: »Glaubst du an die große Liebe?«

»Nein, das sind nur die Hormone.«

»Ein biologischer Trieb, um die Nachkommenschaft zu sichern?«

»Na klar. Aber ich muss zugeben, dass es vergnüglich war, so lange es anhielt.«

Sie lachten einmütig.

»Und danach?«

»Tja, es soll ja Leute geben, die alle Tage ihres Lebens in glücklicher Eintracht verbringen. Aber so welche kenne ich nicht. Du etwa?«

Inge blieb die Antwort schuldig. Als Kerstin aber zu sich hinüber ging und Inge den Gartenschlauch holte, fiel ihr ein, dass sie doch einige solcher Leute kannte. Sie ließ den Schlauch liegen, rief Hilde an und fragte ohne lange Vorrede, wie das bei ihr und ihrem Mann möglich gewesen war. »Ihr habt immer so einen glücklichen Eindruck gemacht.«

Sie waren alte Freundinnen, und doch fragte Hilde: »Machst du eine Art Umfrage?«

»Nein, ich denke nur drüber nach. Ich mache mir Sorgen um Britta, die verliebt ist und total den Kopf verloren hat. Sie will heiraten.«

Am Telefon wurde es still. Sie denkt nach, dachte Inge.

»Inge, du wirst doch wohl nicht vergessen haben, wie höllisch es bei Kalle und mir jahrelang zugegangen ist. Fürchterliche Kräche und wilde Beschimpfungen, aber am schlimmsten war das Schweigen. Und Tränen und Traurigkeit. Und zu viel Wein.«

»Doch.« Inge erinnerte sich schwach: »Und wie habt ihr das überwunden?«

»Wir haben gegenseitig keine Besitzansprüche mehr gestellt. Haben Abstand gewonnen. Und da wurde es langsam besser.«

»Ihr habt auf Projektionen verzichtet?«

»Das ist ein großes Wort, aber man könnte es vielleicht so ausdrücken. Als ich damit aufhörte, Erwartungen in ihn zu setzen, musste ich wohl oder übel ich selbst werden. Und da musste er auch der sein, der er war. Verstehst du?«

Ja, Inge glaubte zu verstehen.

Als sie zum Gießen in den Garten zurückging, wurde ihr klar, dass Jan und sie keine Chance gehabt hatten. Es war, wie es war, und natürlich war das traurig. Aber Traurigkeit ist heilsam.

Oder?

In ihr Tagebuch schrieb Inge an diesem Abend: »Ich habe den ganzen Tag damit verbracht, mich zu erinnern und vieles besser zu verstehen. Trotzdem bin ich nicht einen Schritt weiter gekommen. Alte Augen haben auf alte Bilder zurückgegriffen. Alte Gedanken wurden bis zum Überdruss wiedergekäut.«

Aber dann erkannte sie blitzartig, dass sie an diesem Tag etwas Neues gedacht hatte, etwas Wichtiges. Sie versuchte sich zu erinnern, sah in Gedanken Matildes schönes Gesicht in der Londoner Bar vor sich: »Er hat mich von meinem Außenseitertum befreit.«

Inge war während ihrer ganzen Kindheit eine Außenseiterin gewesen. Keine beste Freundin, kein Kreis, dem sie sich zugehörig fühlte. Die Ursachen waren leicht zu erkennen, sie hatte keinen Vater, ihre Mutter scheuerte Treppenhäuser, und sie selbst war hässlich und linkisch. Wuchs schnell, war groß, größer als alle Gleichaltrigen, mager, eine Bohnenstange und streberhaft.

Mit siebzehn blühte sie auf, das Aschenputtel wurde zum Schwan. Aber es war zu spät, sie fand den Weg in die Gemeinschaft nicht. Und sie redete sich ein, nicht dazugehören zu wollen, Gekicher, Eitelkeit und Flirt zu verachten.

Verständlich also, dass sie dem Prinzen zum Opfer fiel, als er auftauchte.

Sie sah diesen letzten Satz lange an, dann strich sie ihn dick durch. So einfach war es nicht.

24

Kurz nach sieben hob die Maschine am Dienstagmorgen in Arlanda ab. Kaffee wurde serviert, Mira musterte die Flugbegleiterinnen mit großen Augen. Weit mehr als hundert Passagiere, eng, Luftlöcher! Und sie verschütteten keinen Tropfen.

Der Kaffee schmeckte nicht besonders.

Mira war neugierig. Sie hat bis jetzt noch nichts begriffen, dachte Ingrid.

Nach der Landung in Heathrow mussten sie über eine Stunde auf den Anschluss nach Edinburgh warten. Im Flieger bekamen sie Sitzplätze nebeneinander, und José erläuterte ihnen den Plan für die Weiterreise. Auf dem Flugplatz stand ein Mietwagen für sie bereit, sie würden über eine Art Brücke genau in Richtung Norden fahren. Dann auf der Fernstraße 90 nach Perth und nordwestlich davon hinauf ins Hochland.

»Hast du den Linksverkehr bedacht?«

José riss die Augen auf, meinte dann aber lächelnd: »Ich muss eben mein Gehirn umprogrammieren.« Mira schwieg, aber die Neugier war nicht aus ihren Augen gewichen.

»Ich rechne damit, dass wir es in zwei Stunden schaffen. Es sind nur 100 Kilometer«, sagte José und an Ingrid gewandt: »Hast du einen Führerschein?«

»Ja«, sagte Ingrid.

»Es wäre vielleicht besser, wenn du die Papiere beim Autoverleih unterschreibst. Es erspart uns möglicherweise Komplikationen.«

José sah das blonde Mädchen nicht an, spürte aber ihren Zorn. »So ist das nun mal, Ingrid.«

Für José gab es schon bei der Passkontrolle Schwierigkeiten, wo man den schwedischen Pass misstrauisch durchsah und fragte: »Señor Narvaes ist Schwede?«

»Ja.«

»Darf ich fragen, wieso Señor so viele Reisen nach Osteuropa unternommen hat?«

»Ich fahre schwedische Touristenbusse.«

»Hmmm.«

Ingrid stand mit vor Wut schamrotem Gesicht unmittelbar hinter ihm. Aber José verzog keine Miene.

Lieber Himmel, der ist das gewöhnt, dachte sie.

Von Edinburgh sahen sie nicht viel, denn José fand die Fernstraße 90 sehr schnell.

Er hatte keine Schwierigkeiten mit dem Linksverkehr, hatte aber nicht mit den Schafen gerechnet. Sie zottelten die Straße entlang, blieben hier und dort stehen, machten ein paar Schritte, langsam, wie im Schlaf. Das Auto musste lange vor einer modernen roten Telefonzelle stehen bleiben. Eine lange Reihe Schafe überquerte hier gemächlich die Straße.

Mira auf dem Rücksitz musste laut lachen.

Sie fuhren an Perth vorbei, sahen auch von dieser Stadt nichts. Auf einer kurvenreichen, schmalen Landstraße ging es in nordwestlicher Richtung weiter. Jetzt begegneten ihnen die Schafe nicht mehr nur vereinzelt, sondern herdenweise stumpfsinnig dahinwogend.

Mira konnte nur lachen.

José aber meinte, dass sie zu spät kämen.

Sprachlos vor Staunen bewunderten sie die blauen Berge und die grünen Täler. Und die Straße, die sich unentwegt dahinschlängelte.

Sie sahen Dörfer mit weißen Häusern, die schwarz gedeckt waren. So wird sie wohl auch wohnen, diese Eloiza Drumond, dachte Mira.

»Der Name kommt mir irgendwie bekannt vor«, sagte sie.

»Ja, hier tragen viele Familien den gleichen Namen. Es gibt zum Beispiel Tausende MacDonalds, die nicht die Spur mit Hamburgern zu tun haben«, sagte Ingrid. »Schottland ist seit Jahrtausenden ein Land der Clans.« Kichernd fuhr sie fort: »Es gibt eine sagenhafte Geschichte aus den Highlands über einen Clan namens Cambell, der hier seit Urzeiten den Ton angibt. Einer aus diesem Clan hatte eine besondere Schwäche für Frauen. In der Geschichte heißt es, dass er der Vater von dreihundertachtundneunzig Kindern war und dass dies die Erklärung dafür sei, dass es überall in der Welt Millionen Cambells gibt.«

José lachte, Mira lächelte mit hängenden Mundwinkeln.

Dann plötzlich ein Fluss, ein See, so ruhig und schön, dass allen der Atem stockte. José hielt an, sie stiegen aus, um ihrer Seele diesen Anblick einzuprägen, wie Mira es ausdrückte. Der See hieß Loch Lomond, und Mira wollte wissen, ob hier jenes Seeungeheuer hause.

»Nein«, sagte Ingrid. »Der Loch Ness liegt weiter nördlich. Aber es gibt ein Lied, das den Loch Lomond besingt.«

Und sie sang leise vor sich hin: »Where me and my true love will never meet again. On the bonny, bonny banks of Loch Lomond …«

Die weiteren Worte waren ihr entfallen.

Wenige Kilometer danach kamen sie zu dem Ortsschild: Crianlarich.

Sie waren am Ziel.

José ging in den Pub, um nach Drumonds Haus zu fragen, kam wieder heraus und sagte, er habe die Leute nicht verstanden. Aber sie hatten ihm eine einfache Skizze mitgegeben.

Das Haus war, wie angenommen, weiß. Hinter dem schwarzen Dach ragten die blauen Berge empor. Eloiza stand auf der Treppe. Sie hatte ein schmales ovales Gesicht mit ausdrucksstarken Zügen, einen langen Hals, schwarzes im Nacken zu einem Knoten geflochtenes Haar.

Ihr Mund war sorgenvoll, der Blick kühl, aber nicht unfreundlich.

In Chile begegnet man dieser Art Frauen häufig, dachte Mira. Stolze Frauen, die sich nicht unterkriegen lassen.

Eloiza bat sie ins Wohnzimmer, wo ein Kohlenfeuer brannte. Die Einrichtung war abgenutzt, aber gemütlich. Die wertvollen Möbel sind für den Raum zu groß, dachte Ingrid. Mira versank fast in dem riesigen Ledersessel. Eloiza setzte ihnen Bier und Zitronenwasser vor.

Das Gespräch wurde auf Spanisch geführt.

Mira holte das Foto ihrer Mutter hervor, sagte: »Es wurde immer behauptet, sie sähen sich sehr ähnlich.«

»Das kann stimmen.«

José hatte aus der Erinnerung eine Zeichnung von seiner Schwester angefertigt. Eloiza sagte ohne Zögern: »Ja, das ist sie. Aber ich habe es schon gewusst, der Name ist ja nicht so häufig. Und sie fiel uns gleich auf … denn sie war ja so jung. Noch ein Kind.«

Um den Tisch wurde es still. José flüsterte Ingrid die Übersetzung zu. Eloiza sah Mira an und sagte, dass das Mädchen im Lager anständig behandelt worden sei, keine Folterungen oder ähnliches.

Es wurde ein langes Schweigen, drückend wie die Luft vom Kohlenfeuer.

»Sie hat nicht viel gesprochen. Sie hatte nachts Schwierigkeiten mit dem Schlafen, und ich saß oft bei ihr und hielt ihre Hand.«

Jetzt weinte Mira.

»Wir haben nie begriffen, was passiert war und warum. Eines Morgens rannte Otilia aus der Baracke genau auf den Zaun zu. Ein Wächter schoss. Traf sie in den Kopf. Sie war augenblicklich tot.«

Mira war bleich, fand nur schwer Worte, sagte aber schließlich: »Das ist gut zu wissen. Dass es schnell ging, meine ich.«

José setze sich auf die Armlehne des großen Sessels und legte den Arm um seine Mutter. Er weinte.

Eloiza wandte sich an Ingrid und sagte auf Englisch: »Ich habe frisches Gebäck in der Küche. Und Kaffee. Würdest du mir wohl behilflich sein?«

Sie gingen durch die Diele in die Küche. Eloiza schloss die Tür, sah Ingrid lange an und fragte dann: »In welchem Verhältnis stehst du zur Familie?«

»Meine Mutter ist mit Mira eng befreundet.«

»Das muss reichen. Denn irgendjemand muss es ja erfahren.«

Ingrid schüttete heißes Wasser in den Kaffeefilter, ihre Hand zitterte.

»Otilia bekam ein Kind. Ein Kind gebar in dieser Hölle ein Kind. Es war eine schwere Entbindung, sie war zu klein für das Baby, und ihr Unterleib wurde regelrecht zerrissen. Das Kind wurde ihr sofort weggenommen, niemand weiß, wohin sie es gebracht haben. Sie hat tagelang geblutet, hatte keine Kraft zu jammern, weinte nicht. Wir hatten keinen Zugang zu ihr.«

Ingrid versuchte tief zu atmen, Eloiza sprach weiter.

»Das ging so bis zu jenem Morgen, an dem sie, diese schrecklichen Hunde auf den Fersen, auf die Absperrung zulief. Die Hunde waren so abgerichtet, dass sie flüchtenden Menschen die Kehle durchbissen. Ich glaube, die Wache schoss aus Mitleid.«

Schweigend machte sie die Tabletts zurecht. Schließlich sagte sie: »Du kannst es halten, wie du willst, aber ich dachte, die Mutter braucht das nicht zu erfahren.«

Ingrid konnte nur stockend flüstern: »Das stimmt. Mira wäre zuzutrauen, dass sie nach Chile fährt, um dieses Enkelkind zu suchen. Ich werde es meiner Mutter erzählen, aber nur meiner Mutter. Sie kann schweigen.«

Ingrid zitterte am ganzen Leib, als sie das warme Brot, die Butter, den Schafkäse und das Kleingebäck ins Wohnzimmer trug.

Niemand hatte Appetit, aber Mira meinte, sie müssten vor der langen Rückreise doch etwas essen. Als sie ihren Kaffee ausgetrunken hatten, standen alle auf, bedankten und verabschiedeten sich. In diesem Augenblick hielt ein großes Auto im Hof, Eloiza erstarrte, die Kälte in ihren Augen fror zu Eis, als sie sagte, ihr Mann komme früher heim als erwartet. Zwei Buben stürmten lärmend zur Tür herein und schrien in unverständlichem Gälisch, sie hätten Hunger, ein riesiger Schotte Ende fünfzig kam hinter ihnen her und bedachte die Gäste mit verdrießlichen Blicken.

»Wir wollten gerade aufbrechen«, sagte Ingrid.

Beim Anblick der jungen Frau leuchteten die Augen des Schotten auf, und er sagte: »Sie möchten doch sicher einen Whisky.«

Danke, aber den wollten sie nicht, sie durften ihr Flugzeug in Edinburgh nicht verpassen.

Mira umarmte Eloiza, Ingrid und José schüttelten ihr die Hand. Im Wagen machte José auf dem Rücksitz ein Lager zurecht, rollte seine Jacke zu einem Kopfkissen zusammen und deckte Mira mit Ingrids Mantel zu. Sie schien schon zu schlafen, als sie in Richtung Süden losfuhren.

Der Tag war zu Ende, es wurde dunkel. Die beiden Menschen auf den Vordersitzen schwiegen, es gab nichts mehr zu sagen. Mira hinter ihnen weinte im Schlaf.

In Heathrow holten Britta und Nano sie mit dem Wagen ab. Es

war Nacht, der Asphalt glänzte, es goss in Strömen, die große Stadt glitzerte.

Mira rief Inge von der Pension aus an. Erschöpft gingen sie zu Bett. Mira weinte lautlos vor sich hin. Britta versuchte mit ihrer Schwester zu flüstern. Zum ersten Mal musste Ingrid erfahren, wie schwer es ist, mit einem schrecklichen Geheimnis allein zu sein.

25

Der traumhafte Sommer hielt in Skandinavien an, tagsüber brannte die Sonne, die langen Abende waren lau. Der Regen fiel in mittsommerhellen Nächten, kühlte die Luft ab, durchfeuchtete den Boden. Tausende Blumen dankten es in leuchtenden Farben.

Mira erholte sich langsam, schien aber unter einer unbestimmten Wehmut zu leiden und lachte selten. Nur ihr Körper war unverändert flink und lebhaft. Sie hatte Urlaub.

Ingrid hatte in der Nachbargemeinde eine Sommervertretung als Einwandererlehrerin angenommen.

Inge las Korrektur, widmete sich aber auch ihrem Garten, die Afrikaner blühten endlich und waren ihrer Meinung nach eher eine Pracht als ausgesprochen schön. Aber die Kapuzinerkresse, die sich über den Felsen ergoss, Pfähle und Zäune hochkletterte und die Steinplatten vor dem Haus mit langen, leuchtenden Ausläufern bedeckte, war ein wahres Wunder.

Eines Tages fragte Mira telefonisch an, ob Inge sie wohl auf den Friedhof fahren würde.

»Ja, gern.«

»Du musst wissen, ich habe in Schweden ein Grab. Meine Mutter liegt dort, und ich bilde mir ein, dass meine toten Kinder sie manchmal besuchen.«

Inge war stumm vor Staunen. Als Mira keine Antwort bekam, sagte sie nach einigem Zögern: »Wahrscheinlich habe ich dir zu erzählen vergessen, dass ich meine Mutter, als sie alt wurde, nach Schweden geholt habe.«

Inge schwieg noch immer, sie verstand das nicht. Mira hatte sich einer Mutter angenommen, die sich, soviel Inge wusste, nie um sie gekümmert hatte. Sie hörte die Stimmen: José, der sagte, »sie war ein schwieriger Mensch«, Nesto, der sagte, »sie war Mutter gegenüber boshaft, aber ich habe sie geliebt«.

Schließlich hatte Inge sich gefasst: »Ich komme in einer halben Stunde.«

Inge hatte in dieser halben Stunde für viele Erinnerungen Zeit. Da war die Geschichte von Miras Mutter, die sich ins Bett legte und eine Woche lang kein Wort sprach. Das Kind musste hungern.

Das war, nachdem der Vater sie verlassen hatte. Der Hunger zwang das Mädchen schließlich, die Apothekerin aufzusuchen, die ihr zu essen gab und sie für einfache Handreichungen dürftig entlohnte. Wenn Mira mit ihren Pesos nach Hause kam, nahm die Mutter ihr das Geld weg und verließ das Bett.

Vom Schulbesuch der Elfjährigen war nicht mehr die Rede.

Das Kind bekam Arbeit in einer Fabrik, und die Mutter lebte viele Jahre von Miras Lohn. Das Mädchen bekam nicht einmal Geld für die Busfahrt zur großen Textilfabrik und wieder zurück, einer Fabrik mit riesigen staubigen Hallen und Maschinen, deren Lärm Hunderte Frauen zu ertragen hatten.

Mit siebzehn heiratete sie aus dieser Hölle heraus in eine andere.

Inge entsann sich ihrer Frage: »Wie versorgte deine Mutter sich nach deiner Heirat?«

Und wie Mira gelacht und gesagt hatte, dass sie daraufhin wieder anfing Hosen zu nähen. Wie früher auch.

Und diese Frau hatte sie hierher nach Schweden geholt!

Mira spürte Inges Gedanken, als sie sich vor der Haustür trafen: »Das war mein Schicksal. Eine Tochter ist es der Mutter schuldig, sich ihrer anzunehmen.«

Inge hatte dafür kein Verständnis, schwieg also lieber.

Miras Stimme stieg stolz himmelwärts, als sie zu erzählen fortfuhr: »Es war gar nicht so schwierig, ich bekam in diesem neuen Pflegeheim eine kleine Wohnung für sie. Ich habe die Leute auf der Behörde einfach niedergeredet. Schließlich haben sie begriffen, dass sie mich nie loswerden würden, wenn sie mir nicht meinen Willen ließen.«

Aufseufzend sagte sie: »Das Geld für das Flugticket und die zusätzliche Miete zusammenzukriegen war mühsam. Aber meine Söhne waren mir damit und auch mit den Papieren behilflich. Also kam sie her und dachte gar nicht daran, sich zu ändern.«

Mira schwieg nur einen kurzen Augenblick und fuhr dann fort: »Ich bin jeden Tag nach der Arbeit zu ihr gegangen, habe sie gepflegt und gefüttert. Sie hat nie Schwedisch gelernt, fühlte sich in dem neuen Land nicht wohl und gab mir die Schuld an der Kälte.«

Sie seufzte: »Das waren mühselige Jahre. Trotzdem habe ich um sie getrauert, als sie starb.«

Inge parkte vor der Kirche, sie gingen langsam über den Friedhof und fanden zu dem Grabstein: Edermira Narvaes.

»Ihr habt denselben Namen?

»Ja, ich wurde nach ihr getauft.«

Auf dem Grab standen Blumen, ein großer Topf voll kleiner roter Rosen.

»Nesto kommt her. Er war der einzige, der sie mochte. Er sagt immer, sie sei ein durch und durch ehrlicher Mensch gewesen. Und darin liegt wohl ein Funken Wahrheit.«

Ja, dachte Inge. Wer innerlich leer ist, hat auch nichts zu verbergen. Aber das verschwieg sie und sagte stattdessen: »Ich lasse dich mit deinen Verstorbenen alleine und gehe inzwischen in die Kirche.«

Inge saß lange in der Kirchenbank und versuchte zu verstehen. Ohne dass es ihr gelang. Zu Mira sagte sie, als sie zurückkam, sie bewundere ihre Fähigkeit, zu verzeihen.

»Konntest du deinem Vater auch verzeihen?«

»Das war schwieriger. Aber zum Schluss ist es gelungen. Ich bekam einen Brief von einer Kusine, die mir mitteilte, dass er schwer an Krebs erkrankt sei und kein Geld für Medikamente habe. Also begann ich ihm welches zu schicken, einhundertfünfzig Kronen im Monat. Das ist in Chile viel Geld. Und für mich war es auch eine Menge.

Meine Kusine schrieb mir, er kaufe von dem Geld Morphium. Also konnte ich mir einreden, dass ich ihm wenigstens zu einem leichteren Sterben verholfen hatte.«

Sie wirkte zufrieden.

»Würdest du wohl mit mir meinen Vater besuchen fahren? Er liegt auf einer Pflegestation«, fragte Inge und erschrak über ihren Mut.

»Ja. Aber vorher musst du mir von deinen Eltern erzählen, von ihrer Scheidung und von deiner Kindheit.«

So kam es, dass Inge in der Laube mit den dornigen Rosenranken die ganze elende Geschichte ihrer Kindheit erzählte.

Zum ersten Mal, dachte sie.

Mittendrin fing sie zu weinen an. Aber Mira hatte kein Erbarmen, sagte nur: Mach weiter.

Sie aßen eine einfache Mahlzeit, beschlossen, am nächsten Tag zu fahren. Ins Pflegeheim in Norrtälje.

»Ich sorge für Proviant«, sagte Mira und gab der weiten Fahrt dadurch den Anstrich eines Ausflugs.

Jetzt macht Mira mit mir, was ich mit ihr gemacht habe, dachte

Inge, als sie sich trennten. Stellt scheinbar nebensächliche Fragen, die einen zwingen, sich zu erinnern.

Er saß da wie ein morscher Baum, der nie die Kraft gehabt hatte, in den Himmel zu wachsen und zu grünen.

Inge schob ihn im Rollstuhl auf die Terrasse, er sagte, es sei lieb von ihr, dass sie ihn besuche. Sie sei doch erst vor kurzem hier gewesen.

Aber in Wirklichkeit war es schon viel zu lange her.

»Ich habe eine liebe Freundin mitgebracht. Möchtest du sie nicht auch begrüßen?«

Er sah Mira lange an, forschend, sagte: »Das ist aber eine sehr schöne Dame. Sieht wie eine Spanierin aus.«

»Stimmt«, sagte Mira und klapperte in temperamentvollen Flamencoschritten mit den Absätzen, streckte die Arme und schnippte so laut mit den Fingern, dass man hätte meinen können, es seien Kastagnetten.

Inge musste lachen, aber ihr Vater flüsterte ängstlich: »Ich habe gar nicht gewusst, dass du so feine Leute kennst.«

Dann fragte er wie üblich, wie es Mama gehe. Und Inge antwortete wie üblich, Mama sei seit vielen Jahren tot. Er seufzte und meinte, das sei gut für sie.

Wie immer kroch die Zeit dahin.

Sie hatten unterwegs einen Strauß Wiesenblumen gepflückt, Mira ging eine Vase holen, und der Vater flüsterte: »Wie hast du diese feine Dame kennen gelernt?«

»Wir haben uns in einer Gärtnerei getroffen.«

Die Antwort sagte nichts aus, aber das war auch nicht nötig. Es mussten doch nur Worte gewechselt werden.

Endlich tönte der Gong zum Essen. Inge schob ihren Vater in den Speisesaal. Sie nickten einander zum Abschied zu.

»Umarmst du ihn gar nicht?«

»Nein, da kriegt er nur Zustände.«

Als sie den Parkplatz überquerten, sagte Mira: »Er sehnt sich nach dem Tod.«

»Ja, ich glaube, das hat er immer getan.«

Sie standen jede auf einer Seite des Autos und sahen einander lange an. Miras Blick war ungetrübt, und die weißen Augäpfel wirkten in dem braunen Gesicht fast erschreckend. Ihre Züge waren schärfer, der Gesichtsausdruck konzentrierter, der Körper schlanker geworden.

Papa hatte Recht, dachte Inge. Mira ist trotz alldem, was sie mitgemacht hat, eine Schönheit.

»Du siehst müde aus«, sagte Mira. »Woran denkst du?«

»An mich selbst und daran, wie wenig man eigentlich von sich weiß.«

Mira sagte nachdenklich: »Früher hätte ich mir was drauf eingebildet, wenn ein Mann gesagt hätte, ich sei schön. Auch wenn er alt und triefäugig gewesen wäre. Aber jetzt …«

»Wieso?«

»Ich bin dir wahrscheinlich ähnlich geworden: Wer bin ich eigentlich?«

»Bitte, Mira, lass das.«

»Was willst du damit sagen?«

»Ich weiß nicht recht.«

Aber Inge wusste es doch. Sie wollte die Mira wiederhaben, die das Leben mit Löffeln aß und sich darüber ausließ, wie ihr jeder einzelne Bissen schmeckte.

Sie schraubten die Thermoskanne mit dem Kaffee auf und aßen ihre belegten Brote. Auf einer grünen Bank an dem langen Kai in der kleinen Stadt.

26

Inge bekam einen Brief von Matilde. Sie werde auf Wunsch des schwedischen Chilekomitees einen Vortrag halten. In Linköping: ›Ich dachte, wir könnten uns dort treffen. Aber dann habe ich mir die Landkarte angesehen, es ist ja unglaublich, in was für einem großen Land du wohnst ...‹

Inge rief bei ihr an: »Worüber wirst du sprechen?«

»Ich wollte persönlich werden und von meiner Liebe zu Pedro Gonzales, von den Folterungen und den Toten und Verschwundenen sprechen. Von Miras Tochter zum Beispiel. Ohne Namen zu nennen natürlich.«

Sie zögerte und fuhr dann fort: »Dann muss ich natürlich auch von der Widerstandsbewegung sprechen, soviel ich eben darüber zu sagen wage. Einen Abschnitt habe ich ›Pinochets langer Arm‹ genannt.«

»Ich habe eine Idee«, sagte Inge. »In Schweden feiern wir zu dieser Zeit Mittsommer, das ist hier ein großes Fest. Britta und Nano kommen her, also werden wir zusammen nach Linköping fahren und uns deinen Vortrag anhören.«

»Schrecklich! Aber ich verstehe, wie es gemeint ist.«

»Dein Schreck wäre noch viel berechtigter, wenn du wüsstest, was es bedeutet, die Sommersonnenwende in einer Kate im Urwald zu feiern«, sagte Inge.

Beide lachten, und Matilde fragte: »Was ist eine Kate?«

»Du wirst schon sehen.«

Nano und Britta wollten mit der Fähre nach Göteborg übersetzen, er wollte nicht auf seinen Jaguar verzichten. Um den starken Mann zu mimen, dachte Inge, räumte aber sofort ein, dass ein zweites Auto praktisch war.

Inge schmiedete Pläne.

Nach dem Vortrag würden sie sich in dem Häuschen am Vättersee treffen, das sie von ihrer Mutter geerbt hatte. Klein, primitiv, Kachelöfen, Plumpsklo am Waldrand, aber schön gelegen mit herrlichem Ausblick auf den lang gestreckten, türkisblauen See.

Als sie Ingrid von ihren Plänen erzählte, schüttelte die Tochter den Kopf: »Nano wird nicht auf seine Mutter hören. Und dann vergiss das Wetter nicht, Jahr für Jahr waren wir zu Mittsommer in der Kate eingeregnet und haben immerzu nur Karten gespielt.«

Inge schaute ihre Tochter nachdenklich an, solche Worte sahen ihr gar nicht ähnlich. Und plötzlich entdeckte sie etwas, das zu sehen sie sich geweigert hatte, seit das Mädchen aus Schottland zurückgekommen war.

»Was ist mit dir los, Ingrid?«

»Ich habe es dir längst erzählen wollen, es bedrückt mich. Und es muss endlich raus.«

Jetzt folgte die Geschichte, die die schottische Frau Ingrid in der Küche erzählt hatte.

Stockend kam alles zutage.

»Eloiza war der Meinung, Mira brauche das alles nicht zu erfahren. Dass aber jemand aus ihrer Umgebung die Wahrheit wissen müsse. Ich habe ihr versprochen, Stillschweigen zu bewahren, und dich als einzige einzuweihen. Mama, was machen wir nur?«

Jetzt weinte sie.

Inge hatte sich in Stein verwandelt, in weißen Marmor.

Schließlich sagte sie: »Wir schweigen. Nichts wird besser, wenn Mira und ihre Söhne es erfahren.«

Die Schwalben, die unter dem Ziegeldach nisteten, schwirrten über ihre Köpfe hinweg. Aber die Zeit stand still, als die beiden Frauen sich in stummer Verzweiflung ansahen.

Schließlich sagte Inge, sie werde ab sofort die Verantwortung übernehmen, und fragte dann: »Könntest du es jetzt, wo du dich mitgeteilt hast, nicht vergessen?«

»Nein, ich will nicht. Ich hasse diese verdammte chilenische Oberschicht, und das wird sich nicht ändern. Ich habe Matilde einmal gefragt, ob sie wisse, dass ihr Vater Pinochet mit Geld und Waffen unterstützt habe. Sie wusste es. Aber sie sagte, dass dieser alte Mann ihr Vater sei und dass sie ihn liebe.«

Inge berichtete von Mira, die ihre armseligen Ersparnisse dafür verwendet hatte, für ihre Mutter, die sich nie um sie gekümmert hatte, ein Flugticket und eine Wohnung in Schweden zu besorgen.

»Kannst du dir vorstellen, dass diese Frau jahrelang hier gelebt und dass ihre Tochter sie gepflegt hat?«

»Dumm von Mira«, sagte Ingrid.

Inge sah ihre Tochter lange an und dachte an Jan.

»Das Verzeihen scheint uns Schweden recht schwer zu fallen«, sagte sie schließlich.

»Dafür können wir recht vernünftig denken. Und das ist wahrlich besser, als ein Haufen Mythen von Blut, Verwandschaft, familiären Bindungen und Liebe.«

Inge wagte keinen Einwand.

Wenige Tage später sagte Mira: »Irgendetwas ist mit dir los, Inge. Du weichst meinem Blick aus.«

Inge fixierte Mira, hielt ihrem Blick stand und log: »Ich hecke einen teuflischen Plan aus.«

Sie saßen auf Miras Balkon, der Himmel verdüsterte sich, wurde von Blitzen zerrissen. Gewitter, endlich ein Gewitter. In diesem Augenblick läutete es an der Tür, es waren Nesto und José, die vor dem Regen geflüchtet waren und anfragten, ob es möglicherweise Kaffee gebe.

»Prima«, sagte Inge. »Ihr kommt wie gerufen. Ich brauche Hilfe für einen Plan.«

Am gedeckten Kaffeetisch wurde sie deutlicher.

»Ihr müsst wissen, dass Matilde Larraino von der chilenischen Gruppe in London in Linköping einen Vortrag halten wird. Am Tag vor Mittsommer.

Und jetzt müsst ihr euch eine lange Geschichte anhören.« Sie erzählte von der vornehmen Familie Larraino, von Matildes Liebe zu einem jungen Revolutionär, von Nano und Britta. Und dann folgte eine ausführliche Schilderung ihrer Erlebnisse in London.

»Die jungen Leute kommen morgen hierher«, sagte sie schließlich. »Ich brauche eure Hilfe, um Britta und ihren Freund zu überreden, dass sie mit uns nach Linköping fahren. Nach dem Vortrag würden wir dann gemeinsam zu meinem Häuschen fahren und dort die Sommersonnwende feiern.«

José und Nesto machten eher verständnislose Gesichter, aber dann sagte José, er habe in seiner Zeitung von dem Vortrag gelesen und tatsächlich schon erwogen …

»Aber ich habe doch Frau und Kind …?«

»Die kommen natürlich mit.«

Nesto sagte: »Wir haben so unsere Schwierigkeiten mit der chilenischen Oberschicht.«

»Mir geht es genauso«, sagte Ingrid.

»Schließlich sind das auch nur Menschen«, warf Mira überraschend ein.

Inge legte den Kopf schief.

Nesto zählte an den Fingern ab: »Wir sind insgesamt neun Personen. Wie groß ist dein Sommerpalast?«

»Winzig, alt, primitiv. Ich habe mir gedacht, wir könnten Zelte mieten.«

Alle mussten über ihren Eifer lachen. Doch Mira fand das alles wunderbar, und José nickte.

Dann legte Nesto sich ins Zeug, sprach von einer Firma, bei der er billig Zelte mieten konnte, da er den Besitzer kannte.

»Es ist natürlich auch eine Frage des Wetters«, sagte Inge. »Der gegenwärtige Sommer spielt ja verrückt. Wir müssen also damit rechnen, dass um Mittsommer eine Regenperiode einsetzt.«

Ihre Stimme verlor an Elan, aber Ingrid wusste gleich Rat: »Wir haben vier Schlafplätze in der Hütte und noch mal so viele in der Scheune.«

»Somit bleibt nur einer übrig. Und ich bin es gewöhnt, bei minus 25 Grad im Zelt zu übernachten«, sagte José.

»Der Feldjäger hat gesprochen«, ulkte Nesto.

Sie teilten sich auf, Mira, Inge und Ingrid würden vorausfahren und die Hütte in Ordnung bringen. Mira würde die Verpflegung planen, doch, doch, Kühlschrank und Elektroherd waren vorhanden.

Als Mira dann gegen Abend alleine war, quälte sie die Erinnerung: Inge hatte sie angelogen. Den ganzen Vormittag war sie Miras Blicken ausgewichen, und als Mira sie nach dem Grund fragte, sprach Inge geschäftig von ihren Mittsommerplänen.

Lüge, dachte Mira.

Es war fast unerträglich heiß in ihrer Küche, also setzte sie sich, nachdem sie alles abgewaschen hatte, auf den kühleren Balkon und dachte nach. Nicht so sehr über Inge, sondern vor allem über sich selbst.

Sie hatte frühzeitig gelernt, vorauszusetzen, dass sie angelogen wurde. Manchmal hatte sie sich deswegen geschämt, vor allem, als sie erkannte, dass diese eiskalten Schweden meistens Wort hielten.

Die Bürokratie war ein Beispiel dafür, sie mahlte langsam und war überladen mit unverständlichen Formularen, aber schließlich kam das heraus, was versprochen worden war.

Sie erinnerte sich an die Kuratorin, die ihr und ihrem Mann unter Hinzuziehung eines spanischen Dolmetschers zunächst mit Familienberatung weiterhelfen wollte. Sinnlos, denn ihr Mann sprach nie ein Wort. Später reichte die Kuratorin die Scheidung ein und beschaffte für den Mann, der von den starken Frauen und dem Gefühl der Fremde in Schweden weg wollte, ein Flugticket zurück in die Heimat.

Wieder musste Mira an das Bankkonto denken. Nie im Leben werde ich meine Ersparnisse einer Bank anvertrauen, hatte sie gesagt, als die Kuratorin diesen Vorschlag machte.

Bis sie ihre Engstirnigkeit einsah.

Denn auf die Schweden konnte man sich verlassen.

Kaum aber auf einzelne Menschen. Außer auf Inge.

Sie war ehrlich. Jetzt aber log sie.

Warum?

Ich werde ihre eigene Methode anwenden und sie geradeheraus fragen, dachte Mira.

Als sie ihre abendliche Zwiesprache mit Gott hielt, antwortete ihr die sanfte Stimme, dass Inge ihr etwas verheimliche, um sie zu schützen.

Etwas weinerlich saß sie mit gefalteten Händen im Bett und sagte dann laut: »Warum bin ich so verletzlich geworden?«

ER brauchte ihr nicht zu antworten, sie wusste, dass die Trauer ihre Schutzwände durchbrochen hatte.

»Wie kann man danach noch Lebensmut haben?«, fragte sie. Doch Gott antwortete nicht.

27

Auch Inge und ihre Tochter blieben an diesem hellen Abend noch lange auf.

Inge sprach nicht von dem, was sie am Nachmittag auf Miras Balkon beobachtet hatte, dass nämlich fast unsichtbare Bande zwischen Ingrid und José bestanden. Ein Licht, so hell, dass sie einander kaum anzusehen wagten.

Nicht das auch noch, hatte Inge gedacht.

Und dann: Sie sind wie für einander geschaffen.

Ingrid sprach von Nesto, von diesem Charmeur, der so einsam war. Hinter all seiner Freundlichkeit und Großmut lag eine tiefe Trauer. Und eine Erwartung.

Inge hatte es auch gesehen, sagte:

»Was ist diesen Kindern widerfahren, als das Unzumutbare ihr Dasein zerbrach?«

Ingrid erzählte, wie verzweifelt José geweint hatte, als die schottische Frau von seiner Schwester sprach.

»Aber seinem Gesicht war auch noch etwas anderes anzusehen«, sagte sie. »Eine Art Bestätigung vielleicht. Als hätte er es gewusst.«

Das könnte stimmen, dachte Inge. Dieser geheimnisvolle José hatte einen allzu hellen Kopf, um Erinnerungen in finstere Winkel zu verbannen.

Dann setzte sie das Messer an und sagte: »Aber er hat es ja am besten von allen, eine gute Familie, einen wunderbaren kleinen Sohn und eine gute Frau.«

»Ist sie schön?«

Inge hörte, wie sehr ihre Tochter sich um Festigkeit in ihrer Stimme mühen musste.

»Nja, eher hübsch. Und wie die meisten schwedischen Mädels, die es zu Mann und Kind und Sicherheit gebracht haben, ist sie ein bisschen rund und betulich geworden. Ich bin nur wenige Male mit ihr zusammengetroffen, aber ich kann sagen, dass sie ein ehrliches, vielleicht ein wenig naives Ding ist. Und eine gute Mutter.«

Sie schwiegen, lauschten den Eulenschreien in der alten Eiche auf der anderen Straßenseite. Bis Ingrid sagte, sie sei müde und wolle schlafen gehen.

Inge stieg mit schweren Schritten die Treppe hinauf, sie war grausam gewesen und hatte damit ihre Pflicht getan.

Es tröstete sie nicht.

Morgen Abend würde Britta kommen. Eigentlich sollte ich mich freuen, dachte Inge. Aber sie freute sich nicht. Und noch etwas belastete sie: Sie wusste, dass Mira wusste, dass sie gelogen hatte.

Was sie beide jetzt tun sollten, konnte nicht einmal Gott wissen.

28

Der Fernsehwetterbericht zeigte an, dass die schöne Witterung über das Mittsommerfest anhalten würde. Mira und Inge bepackten das Auto und konnten Lars-José und Kristina mit Mühe und Not gerade noch unterbringen. Kristina hatte Urlaub genommen und wollte mithelfen, die Kate in Ordnung zu bringen.

Inge dachte an Ingrid.

Seit Ingrid aus England zurückgekommen war, hatte ein Junge aus ihrer früheren Schule zunächst telefonisch nach ihr gefragt, hatte ab und zu hereingeschaut und mit hellblauen Augen, die vor Verlangen immer dunkler wurden, am Gesicht ihrer Tochter gehangen. Diesmal rief er an dem Tag an, an dem Britta heimgekommen war: Er habe sein Segelboot fahrtüchtig gemacht. Ob sie sich wohl vorstellen könnte, Mittsommer in den Schären zu feiern?

»Meine Mutter hat momentan so viel um die Ohren, ich muss sie erst fragen.«

Inge hatte gemeint, es werde Ingrid gut tun, mal ein paar Tage von allem wegzukommen. Sie ließ ihre Tochter auch wissen, dass sie den Jungen mochte, er wirke in seiner Schüchternheit so durch und durch schwedisch.

Mira hatte ihr zugestimmt und die Idee gut gefunden. Aus vielerlei Gründen.

Inge und sie hatten einander lange angesehen. Und beide wussten, dass das, was sie auf dem Balkon beobachtet hatten, keinen Irrtum zuließ.

Als sie die Sachen im Auto verstauten, hatte Inge dem schüchternen Segler einen mitleidigen Gedanken gewidmet, diesen aber gleich verworfen.

Die Schwestern hatten sich, als der Jaguar in der Abenddämmerung auftauchte, nur kurz gesehen. Nano und Britta hatten Ingrid zum Bootssteg begleitet, wo Åke mit dem Segelboot wartete. Man hatte ihnen den Neid geradezu angesehen. Aber Ingrid hatte gemeint, dass sie den Vortrag von Nanos Mutter in Linköping auf gar keinen Fall versäumen dürften.

»Die beiden schweigen sich aus«, hatte Inge zu Mira gesagt. Die aber antwortete, Gott allein wisse, wie dieser große Sonnenfeiertag ablaufen werde. Aber sie änderte ihre Meinung, als sie die Kate und den See erblickte, es werde alles gut gehen, sagte sie nur. Dies sei Gottes Land und werde allen Seelen Ruhe schenken.

Darüber zu sprechen, warum Inge gelogen hatte, fanden sie nie die Zeit.

Sie lüfteten das alte Haus durch, putzten, stellten lange Einkaufslisten zusammen und füllten Kühlschrank und Erdkeller. Mira plante einen chilenischen Eintopf, der nach dem Vortrag über offenem Feuer auf den Klippen am Strand gekocht werden sollte. Inge kaufte Wein und natürlich auch Hering, Lachs und junge Kartoffeln ein, und zum Anstoßen in der Mittsommernacht auch noch einen klaren Schnaps.

Und Erdbeeren! Die allerersten und besonders aromatischen.

Matilde war nach dem Vortrag müde, er hatte länger gedauert als vorgesehen, da konsekutiv ins Schwedische gedolmetscht worden war. Aus Rücksicht auf die vielen Schweden, die mit Chilenen verheiratet waren.

Es hatte eine gewisse Niedergeschlagenheit geherrscht.

Zorn und Verzweiflung hatten vielen Anwesenden die Tränen in die Augen getrieben. Aber es gab auch Widerstand beim Publikum. Viele wollten nicht erinnert werden.

Inge saß neben Nano und bedachte ihn ab und zu mit einem vorsichtigen Blick. Er rührte keine Miene, hielt aber Brittas Hand fest umklammert. Als Inge ihre Tochter schluchzen hörte, reichte sie ihr ein Taschentuch und beobachtete, wie sie Nano die Hand entzog.

Er reagierte mit einem heftigen, hörbaren Gähnen. Inge litt mit ihm.

29

Jetzt aber saßen sie auf den Klippen am Vättersee, wo das Feuer flackerte und es würzig nach Miras Eintopf roch. Sie sahen zu, wie die rote Sonnenscheibe hinter den Bergen auf der anderen Seite des Sees untertauchte, dessen Wasser im Dunkeln golden schimmerte.

»Wird es nie Nacht?«, flüsterte Matilde Mira auf Spanisch zu.

»Nein. Es hat irgendwas mit dem Nordpol zu tun, aber das werde ich nie kapieren. Wenn es dann aber endlich doch Nacht wird, dauert sie ein halbes Jahr.«

»Ist das wahr?«, flüsterte Matilde, und Mira nickte: »Ja, es ist schrecklich«, erwiderte sie. Doch dann dachte sie, dass sie ihrem neuen Land Gerechtigkeit widerfahren lassen müsse und fügte hinzu: »Aber der Schnee macht alles hell, zumindest bei Mondschein.«

Matilde versuchte sich das vorzustellen.

»Liegt der Schnee auch auf dem See?«

»O nein, da liegt das Eis. Man kann darauf bis hinüber auf die andere Seite gehen. Dort kommt man dann in ein anderes schwedisches Land, aber ich habe vergessen, wie es heißt.«

Die jungen Leute gingen schwimmen, quietschten nicht nur vor Übermut, sondern auch wegen des Schocks, wenn sie vom Felsen springend ins kalte Wasser eintauchten. Britta schoss wie ein Pfeil hinaus in den goldenen See, dicht gefolgt von Nesto und José.

Nur Nano blieb mit einem frostigen Gedanken im Kopf oben

auf dem Felsen sitzen: Sie badeten alle nackt. Sein Mädchen schwamm zusammen mit ein paar Kerlen aus den Slums von Santiago nackt im See.

Matilde gab sich alle Mühe, ihn nicht anzusehen.

»Ich möchte auch schwimmen gehen«, sagte sie zu Inge, die antwortete: »Wir verschwinden hinter der nächsten Klippe. Ich hole uns Seife und Bademäntel.«

Mira hielt alle für verrückt, das Wasser sei ja entsetzlich kalt.

Und das war es auch, aber Matilde genoss es und fühlte, wie die Unruhe aus ihrem Körper wich. Als die beiden Frauen über die schlüpfrigen Steine aus dem Wasser stiegen und die Bademäntel anzogen, sagte sie: »Es ist für mich geradezu ein exotisches Abenteuer.«

»Genieße es«, sagte Inge und umarmte Matilde. »Vergessen wir unsere erwachsenen Kinder und ihre Dramen.«

»Aber Nano ist in der Klemme.«

»Wir haben wirklich getan, was in unseren Kräften steht.«

Von der Feuerstelle her rief Mira: »Wer friert, kann sich einen Kognak holen. Kommt her!«

Matilde leerte ihr Glas in einem Zug, und Mira dachte, der geht es jetzt wie mir, als ich es mit dem Zwerchfell hatte.

Dann gab sie Nano einen Drink und meinte: »Du, Junge, hast eine phantastische Mutter.«

Und dann aßen sie, während die Sonne im Nordosten am Himmel emporstieg, den chilenischen Fleischtopf.

Matilde bekam das schönste Zimmer im Haus ganz für sich alleine. Als sie den Kopf aufs Kissen legte, war sie auch schon eingeschlafen. Sie wachte aber früh auf und hörte Britta drüben an Mutters Bett leise sprechen.

Matilde verstand zum Glück kein Wort.

Entschlossen schlief sie wieder ein.

30

Die drei Frauen trafen beim Kaffee in der Küche zusammen. Sie flüsterten, um die jungen Leute nicht zu wecken, und außerdem hatten sie Verständigungsschwierigkeiten.

»Verdammt noch mal«, schimpfte Mira. »Seit fünfzehn Jahren bemühe ich mich, eine neue Sprache zu lernen, und jetzt geht es nicht.«

»Versuch's mit Spanisch«, sagte Inge. Mira strahlte und erzählte klangvoll, wie sehr sie Matilde bewunderte.

Matilde umarmte sie schluchzend.

Dann setzten sie sich mit ihren Kaffeetassen hinaus in den kühlen Morgen.

Bald darauf erwachte das ganze Haus.

Zuerst kroch Lars-José aus dem Zelt und hatte Mühe, seinen Schlafsack abzustrampeln.

»Hilfe, Inge! Hilf mir da raus! Ich will schwimmen gehen.«

»Ich begleite dich.«

Matilde und Mira konnten weiterreden, bis Kristina mit aufgedunsenem Gesicht aus dem Haus kam und schrie: »Wo ist der Junge?«

»Er ist mit Inge schwimmen gegangen.«

Kristina beruhigte sich, trank Kaffee, bis José stumm wie ein Fisch aus dem Zelt gekrochen kam. Er ist kein Morgenmensch, dachte Matilde amüsiert. Als er dann aber auch Kaffee bekommen hatte, wandte er sich an sie: »Ich habe auf deinen Vortrag hin ganz scheußlich geträumt. Du musst wissen, in mir türmt sich ein Chaos von Bildern. Ich war erst elf, als der Putsch stattfand.«

Sein Blick durchsuchte eine entschwundene Ferne.

»All die Jahre hat mich ein Albtraum verfolgt, das Bild eines alten Mannes, den sie aufgehängt hatten. An einem Baum. Bis heute begreife ich nicht, warum dieses Bild von solcher Beständigkeit ist, es ist doch so viel anderes und weit Schlimmeres passiert. Mein Bruder wurde erschossen … Und meine Schwester … Aber heute Nacht im Zelt baumelte der alte Mann wieder im Geäst.«

Jetzt tauchten Britta und Nano auf, holten sich Kaffee in der Küche und machten ein paar Brote zurecht. Die anderen brauchten nur einen Blick auf die beiden zu werfen, um zu wissen, dass sie nicht geschlafen hatten.

»Diese verdammte Helligkeit!«, sagte Nano.

José lachte: »Aus ganz Europa kommen die Leute angereist, um die hellen Nächte zu erleben. Weiter im Norden scheint die Mitternachtssonne sogar die ganze Nacht.«

»Schrecklich«, sagte Nano.

»Wir werden dir eine Augenbinde besorgen«, versprach Mira.

»Ist nicht nötig, ich fahre heute Abend nach Göteborg zurück und nehme die Fähre nach England.«

Sie sprachen Spanisch, aber Britta hatte trotzdem verstanden.

»Tu das«, sagte sie auf Englisch, und es wurde daraufhin so still, dass das Vogelgezwitscher ohrenbetäubend wirkte.

Inge kam mit dem in ein Badetuch gewickelten Lars-José zurück. Sie setzte ihn Kristina auf den Schoß und meinte, sie solle ihn warmreiben. Er sei nicht aus dem Wasser zu kriegen gewesen.

»Inge ist so lieb. Der braucht man nicht zu gehorchen«, sagte der Junge.

Inge lachte.

Nesto kam als letzter an den Kaffeetisch unter dem Apfelbaum, schaute Matilde an, setzte sich neben sie und legte ihr den Arm um die Schultern: »Eine so mutige und schöne Frau darf doch nicht weinen.«

Mira war schon in die Küche verschwunden, man hörte sie in dem alten eisernen Herd Feuer machen, um Spülwasser zu wärmen. Sie beschwor Gott, die Tränen aller Mütter in einem Sack zu sammeln, bis er so schwer war, dass nicht einmal ER ihn mehr heben konnte.

»Tu was«, bat sie.

Aber Gott schwieg.

Unter dem Apfelbaum erhob sich José, legte Nano einen Arm auf die Schulter und sagte: »Komm mit. Wir fällen eine Esche und errichten einen Maibaum.«

»Hinter dem Klohäuschen wachsen mehr als genug kerzengerade Eschen!«, rief Inge ihnen nach.

Nach einer Weile waren Axthiebe zu hören. Und das Knarren, als der schlanke Baum fiel. Nano bewunderte José wegen des eleganten Hiebes und des zentimetergenau berechneten Falls.

Dann begannen sie, jeder an einem Ende, Äste und Rinde abzuschälen.

»Du kannst gut mit dem Messer umgehen«, sagte José, und Nano strahlte wie ein Kind über das Lob.

Als sie sich einander in der Mitte des Stammes näherten, sagte José: »Warum, zum Teufel, fährst du nicht nach Chile und suchst nach deiner Familie, deinen Großeltern, Onkels und Cousins väterlicherseits? Lerne sie kennen und höre dir ihre Geschichten über den Guerillahäuptling Pedro Gonzales an.«

»Warum sollte ich das tun?«

»Um ein ganzer Mensch zu werden.«

»Ich würde sie alle verachten.«

»Verachtung ist nichts anderes als Selbstverteidigung«, sagte José.

Mitten im Hof grub Nesto ein Loch für die lange Stange. Dann befahl er Frauen und Kindern, Blumen pflücken zu gehen.

»Raus auf die Wiesen und rein in den Wald mit euch!«, rief er.

Sogar Britta lachte.

Aber Matilde machte ein ängstliches Gesicht: »Darf man das denn?«

Inge nickte beruhigend. Sie pflückten ganze Arme voll Mittsommerblumen, goldene Habichtskräuter, weiße Margeriten, hier und dort eine blaue Kornblume und ganze Wolken von Wiesenkerbel. Inge und Matilde hatten den bemoosten Weg durch den uralten Wald gewählt.

Matilde sog das großartige Erlebnis in sich auf und flüsterte: »Es ist wie ein Kirchgang.«

»Ja. Nur noch schöner. Hier wirst du von keinem Pfarrer abgelenkt.«

Sie streiften gut eine Stunde umher, sprachen nicht viel. Und begegneten keinem Menschen, nur einem Rudel Rehe.

Erst auf dem Heimweg erinnerten sie sich an ihre Aufgabe und rissen am Waldrand büschelweise Weidenzweige ab.

31

Nano lag neben Mira auf den Knien und befestigte Blumen und Laub am Maibaum. Kristina band Kränze und Sträuße. Nesto war auf der Suche nach einem geeigneten Querholz, und danach gab es ein emsiges Hin und Her, wo es anzunageln sei. Als man sich endlich geeinigt hatte, saß es viel zu hoch oben.

»Das macht nichts«, sagte Inge.

»Klar macht es was«, schrie Lars-José, der überall im Weg herumstand. Und sein Vater gab ihm Recht. Sie setzten das Querholz tiefer an und konnten den Baum endlich aufrichten.

»Jetzt trinken wir unser Mittsommerschnäpschen!«, schlug Kristina vor und ging den Östgöta Kornbrand und Gläser holen.

»Was für niedliche kleine Gläser«, sagte Matilde.

»Du wirst gleich wissen, warum sie so klein sind«, sagte Mira lachend. »Jetzt gibt es das, was die Indianer Feuerwasser nennen.«

Dann sagte Inge auf Schwedisch: »Nun wollen wir unsere Gläser erheben und auf den längsten Tag des Jahres anstoßen.«

Mira übersetzte, und alle riefen: »Skål!«

Sie tranken die Gläser auf einmal leer, keuchten. Es folgte ein langes, verblüfftes Schweigen.

Inge und Kristina hatten den langen Tisch unter dem alten Apfelbaum festlich gedeckt. Keiner der Chilenen aß Hering, alle nahmen nur vom Lachs, und Nano genehmigte sich zwei weitere Schnäpse. Zur Mitternacht versammelten sich alle um das Feuer in der Felsenmulde am See.

José spielte Gitarre, Kristina sang schwedische Sommerchoräle, »Die Erde ist schön« und »Die Blütenzeit nun kommet«. Inge flüsterte Matilde zu: »The flowers' time will come.«

Eine Weile später spielte José Lieder von Victor Jara, und nun sangen Mira und Matilde. »Yo no canto por cantar, ni por tener buena voz ...«

Als die rote Sonne sich im Norden ankündigte, war Nano in seiner Bergmulde eingeschlafen, und Nesto ging einen Schlafsack holen, um den jungen Mann zuzudecken.

32

Beim Kaffee am nächsten Vormittag versuchte Matilde alle Erlebnisse dieses Feiertages in Worte zu fassen.

»Ich werde mich an jeden Augenblick erinnern«, sagte sie.

»Ich auch!«, schrie Nano und machte sich lauthals Luft über diese schreckliche Wildnis und die verwünschte Sonne, die nie unterging.

Natürlich muss es bei dieser Spannung, die die Luft erzittern lässt, zu einer Entladung kommen, dachte Inge. Auch sie wurde böse und konnte den Mund nicht mehr halten.

Aber Nano hörte nicht zu schreien auf. Spanisch und an seine Mutter gewandt. Für sie als gebildeten Menschen müsste es doch eine Qual sein, wie barbarisch hier alles sei, diese primitiven Menschen aus dem Slum von Santiago, die alte Bruchbude, der man schon vor hundert Jahren einen Tritt hätte versetzen müssen. Und dieses Klohäuschen, in dem wahrscheinlich Ratten hausten. Und Männer und Frauen, die nackt in eiskaltem Wasser badeten.

»Ein Land der Barbaren«, schrie er.

»Mein Land«, sagte Britta.

Aber sie kam nicht weiter, denn Nesto richtete sich zu voller Länge auf und hievte Nano wütend auf einen Ast im Apfelbaum.

»Du vergisst, dass du von unserem Land sprichst«, sagte er.

»Es ist aber, verdammt noch mal, nicht dein Land!«

»Ich bin schwedischer Staatsbürger, willst du meinen Pass sehen? Ich bin hier in die Schule gegangen, ich wurde an einem schwedischen Gymnasium ausgebildet. Ich habe den Wehrdienst in Schweden abgeleistet. Meine Freunde sind Schweden. Und ich bin unerhört stolz auf mein Land. Mein Land, hörst du!«

Er holte tief Luft, ehe er fortfuhr.

»Wenn deine Mutter nicht hier säße, würde ich dir einen Tritt in den Hintern versetzen.«

»Bitte, Nesto«, mahnte Inge.

»Nesto, sprich weiter!«, sagte Matilde.

»Ich habe geglaubt, die Oberschicht ist zur Höflichkeit erzogen, die uns Slumbewohnern angeblich fehlt. Aber nein. Deine Dankrede an Inge, die uns zum Mittsommerfest eingeladen hat, wird uns lange in Erinnerung bleiben.«

Nestos zornige Stimme reichte bis in die Wolken: »Du bist ein feiger Jammerlappen. Und ein Überbleibsel aus einer Zeit, die seit langem tot und begraben ist.«

Das Geschrei drang bis zu José, der sich mit seiner Familie am Seeufer aufhielt.

Er schlenderte über die Wiese, legte seinem Bruder die Hand auf die Schulter und sagte, jetzt beruhigen wir uns alle erst mal.

»Aber du weißt ja gar nicht, was er gesagt hat.«

»Nein, aber ich kann es mir denken. Der Junge ist so verängstigt, dass ihm alles zuzutrauen ist.«

»Komm runter, verdammt«, sagte er zu Nano.

Inge schaute Britta an, fragte auf Schwedisch: »Woran denkst du?«

»An Großvater«, sagte Britta.

Dann wandte sie sich an Nano und sagte überlegt und ruhig: »Fahr jetzt. Steig in dein Wunderauto und fahr los.«

»Alleine?«

»Ja.«

Während der große Jaguar viel zu schnell den Schotterweg Richtung E4 losbrauste, machten Inge und ihre Tochter einen Waldspaziergang. Sie wollten nachsehen, ob schon Pfifferlinge wuchsen.

Aber es waren noch keine Pilze zu entdecken.

»Es ist zu trocken«, sagte Inge, und dann schwiegen sie beide. Stundenlang. Sie suchten den Himbeerschlag auf, die Erdbeerhänge bei der verlassenen Hütte, den Farnhügel, wo sie, als Britta klein war, einen Elch gesehen hatten, und das Hochmoor, wo Wollgras und Segge wuchsen.

Als sie sich auf dem Rückweg dem Haus näherten, roch es nach gebratenem Lamm, und sie merkten, dass sie Hunger hatten.

»Ich werde es überleben, Mama.«

»Ich weiß, dass du das wirst.«

»Ich habe eine Mordswut auf Ingrid. Weil sie Recht behalten hat.«

»Es ist immer viel einfacher, sich als Außenstehender ein Bild zu machen.«

33

Was ihnen vom Wochenende noch blieb, würde ihnen als farblose, aber doch als außergewöhnliche Szenerie in Erinnerung bleiben: Matilde, die weinend im Schatten des Apfelbaumes saß und sagte: »Ich muss nach London zurück. Schade, ich hatte mich so darauf gefreut, Stockholm kennen zu lernen.«

Inge hatte sagen wollen, es wäre sicher gut, wenn Nano seine Situation ganz alleine würde klären müssen. Aber sie kam nicht dazu, denn Mira sagte auf Spanisch: »Es ist doch klar, dass du dich um deinen Sohn kümmern musst.«

Britta, die Matilde aufsuchte, als sie beim Packen war, versuchte zu erklären: »Alle Möglichkeiten schwinden dahin, wenn man von ganz verschiedenen Grundvoraussetzungen ausgeht.«

»Ich verstehe. Aber Nanos Problem ist, dass er überhaupt keine Grundvoraussetzungen hat.«

»Ich weiß.«

Sie zögerte, fuhr dann aber fort: »Er beschuldigt dich, dass du ihn im Stich gelassen hast. Aber mir ist klar geworden, dass das nicht wahr ist.«

Matilde flüsterte ein Danke, aber die zwischen ihnen entstandene Kälte ließ beide erschauern.

Inge telefonierte mit der Bahnauskunft und dann mit dem Flugplatz von Landvetter. Matilde würde morgen früh um sechs Uhr den Schnellzug nach Göteborg nehmen. Inge würde sie nach

Hallsberg bringen, wo der Express aus Stockholm anhielt. Das Flugzeug nach Heathrow startete um halb elf, um die Mittagszeit würde sie schon in London sein.

Schließlich das Bild, wie sie an diesem taufrischen Morgen um Matilde herumstanden. Sie wurde von Umarmung zu Umarmung weitergereicht, und alle meinten es aufrichtig, als sie sagten, sie wollten sich bald wieder treffen.

Und dann Miras eigentümliche Abschiedsworte: »Keiner lebt auf Erden, ohne Schatten zu werfen.«

34

Mitte Juli kam der Regen, was hätte man auch anderes erwarten können?

Die Erde trank sich satt. Eines Tages konnte sie dann nichts mehr schlucken, Inges Rasen stand unter Wasser, das Korn faulte auf den Feldern, die Bauern jammerten, und die Nächte wurden immer länger.

Ingrids Liebesgeschichte – wenn es überhaupt eine gewesen war – wurde vom Regen weggeschwemmt oder vielleicht auch vom mangelnden Segelwetter. Britta hörte nichts von Nano.

»Auch gut«, sagte sie. Aber sie war vormittags immer die erste am Briefkasten.

Eines Tages rief José an und wollte mit Inge sprechen: »Ich habe einen merkwürdigen Brief von Nano bekommen. Könntest du dich zum Mittagessen in der Bar am Busterminal mit mir treffen?«

Auch London war vom Tiefdruck über dem Atlantik betroffen. Nano ging in der großen Wohnung hin und her, rastlos.

»Ich schäme mich«, sagte er zu Matilde.

»Dazu hast du allen Grund.«

Näher kamen sie einander nicht.

Nano dachte, sie habe, wie gewöhnlich, nicht verstanden, und hätte am liebsten geschrien: Ich bin verzweifelt!

Er hatte Verzweiflung bisher nie verspürt, nur Hass …

Alles Böse, was ihm widerfahren war, hatte seine Mutter verschuldet, die ihn im Stich gelassen hatte, Großmutter, die einfach gestorben war, der Alte mit seinem Zorn. Furcht, ja, er hatte sich gefürchtet, immer, nun ja, fast immer. Vor den Schlägen, die auf ihn niedersausten, vor dem Hohn, der auf ihn eindrang, vor den in ihn gesetzten Erwartungen, vor dem Vorwurf in Matildes Augen.

Britta hatte gesagt, er müsse damit aufhören, sich selbst als Opfer zu betrachten.

Er versuchte ihr einen Brief zu schreiben: »Ich wusste von Anfang an, dass meine Liebe nichts taugte. Es war schrecklich. Aber ganz unerträglich war die Erkenntnis, dass du mich liebtest. Also tat ich, wozu ich mich genötigt sah, kränkte und verletzte dich. Und hatte dich endlich so weit, dass du dich von mir abkehrtest.«

Dann zerriss er den Brief. Dachte: Ich bin weder hier zu Hause noch in Schweden, noch sonst wo.

In dieser Stunde erinnerte er sich an das, was José gesagt hatte, als sie den Baum gemeinsam entrindeten: »Warum fährst du nicht nach Chile und suchst nach deiner Familie, deinen Verwandten, deinen Großeltern, Onkeln und Cousins väterlicherseits? Solange du nichts von dieser Hälfte deiner Herkunft weißt, wirst du ein unsicherer Mensch bleiben.«

Herr im Himmel, man stelle sich vor, dieser Kerl hätte Recht.

An diesem Abend wartete er ungeduldig auf Matilde und bekam es mit der Angst zu tun, als sie die Tür zur Wohnung nebenan aufschloss. Aber er riss sich zusammen und klingelte drüben.

»Komm rein, nimm Platz.«

Aber er setzte sich nicht, ging hin und her und erzählte, was José ihm gesagt hatte.

Er hörte, dass ihre Stimme unsicher war, als sie fragte: »Du überlegst also, ob du es tun sollst?«

»Ja.«

»Das ist gut, Fernando, es könnte einen Wendepunkt für dich bedeuten.«

»Und der Alte?«

»Wir sagen ihm, du willst nach dem alten Gutshof im Tal sehen. Der ist noch in seinem Besitz.«

Sie hat wie immer Recht, dachte Nano, als er sah, wie der alte Mann zu strahlen begann, als er von der Reise erfuhr. Sie blieben nach dem Essen sitzen und stellten eine ganze Liste mit Aufträgen zusammen. Er sollte den Besitz inspizieren, er sollte mit dem Anwalt in San Felipe Kontakt aufnehmen und in Erfahrung bringen, ob es Interessenten gab.

»Alles ist verfallen«, sagte der Alte, rot im Gesicht vor Wut auf den verdammten Allende, der seinen Besitz verstaatlicht hatte. Jetzt hatte er ihn zurückbekommen, und Grund und Boden hatten immerhin ihren Wert.

Als der alte Mann sich zurückgezogen hatte, ging Nano wieder zu Matilde, die gerade telefonierte. Sie sprach sehr schnell in spanischer Sprache, fragte, fragte, und als er merkte, dass das Gespräch mit einer Untergrundorganisation in Santiago geführt wurde, bekam er Herzklopfen.

Als Matilde das Gespräch beendet hatte, sagte sie, er solle sich einen neuen Pass beschaffen, solle mit der Begründung zum englischen Passamt gehen, dass er seinen Pass verloren habe. Er solle seinen Vornamen in Fernie umändern, doch im übrigen sollten alle Angaben den Tatsachen entsprechen.

Neue, schöne britische Stempel, sagte sie.

Der Großvater würde schriftlich bestätigen, dass sein Enkel den Landbesitz der Familie inspizieren werde. Die chilenischen Behörden würden keine Einwände haben.

»Aber Pedro Gonzales muss doch irgendwo registriert sein.«

»Offiziell ist nie ein Wort darüber verlautet, dass er dein Vater ist.«

»Aber ... die Verhöre mit mir?«

»Ich würde meinen, dass alle Akten vernichtet wurden. Da gibt es ja nichts, worauf sie stolz sein könnten. Und außerdem bestimmt das Geld in Chile alles. Es sollte mich sehr wundern, wenn sie einem Mitglied der Familie Larraino Schwierigkeiten machten.«

»Aber wie kriege ich Kontakt mit ... der Familie meines Vaters?«

»Hör mir jetzt genau zu, Nano.«

Er bekam Instruktionen, die einem Spionageroman entnommen zu sein schienen. Er versuchte sich einzureden, dass es geradezu lächerlich war. Aber er spürte Angst.

35

Jetzt saß er mit dem Gefühl im Flugzeug, dass alles über seinen Kopf hinweg beschlossen worden war.

Alles war von vorne bis hinten einfach nur eine idiotische Idee.

Als er an Bord sein Frühstück aß, verwünschte er in Gedanken diesen José Narvaes, der Bäume fällte, oben im Ödland seine dreckigen Busse zerlegte und Leuten, die er nicht kannte, blödsinnige Ratschläge gab.

Noch einmal ging er die erhaltenen Instruktionen durch: Gehe zur großen Kathedrale, stelle dich mit dem Buch von Alcolea »La catedral de Santiago« in der Tasche ans Tor.

Wie in einem wahnwitzigen Thriller, dachte er wieder.

Aber wer jung ist, hat ein gutes Verhältnis zum Schlaf.

Er verschlief den größten Teil des Zwanzigstundenfluges.

Als er hinaus in den eleganten Terminal des neuen Flughafens von Santiago kam, war er voller Erwartungen. Fühlte sich irgendwie beschwingt. Er war allein, war Herr seiner selbst. Aber als er am Förderband auf sein Gepäck wartete, konnte er Brittas Stimme hören: »Jetzt hast du niemanden mehr, auf den du etwas abwälzen kannst.«

Ihm wurde kalt vor Angst. Aber da gab es auch noch ein anderes Gefühl: Verwegenheit.

Das Menschengedränge auf der Plaza de Armas erschreckte ihn, doch blieb er fasziniert hinter einem Kunstmaler stehen und vergaß alles ringsum, konnte nur noch das Bild in sich aufnehmen, das auf der großen Leinwand hervortrat.

Die Transvestiten interessierten ihn nicht, diese Sorte war ihm in London oft genug begegnet. Im Treiben der Menge hörte er junge Gitarrenspieler Lieder von Victor Jara singen.

Das gefiel ihm weniger, erinnerte es ihn doch an das Mittsommerfest in Schweden.

Vor dem Tor der Kathedrale blieb er stehen und bewunderte das gewölbte Tympanon. Sein Buch trug er gut sichtbar in der rechten Tasche.

Erst jetzt wurde ihm bewusst, dass er in Jeans, grauer Windjacke, weißen Joggingschuhen vielleicht zu einfach gekleidet sein könnte.

Ich befinde mich hier in einem Land, wo man Anzüge trägt, dachte er.

Der katholische Priester war viel jünger, als er ihn sich vorgestellt hatte. Er sagte wie vereinbart: »Wie ich sehe, interessieren Sie sich für Kirchenarchitektur. Möchten Sie sich vielleicht die Kathedrale ansehen?«

»Ja, gerne, sehr gerne.«

Dann war Nano, wie immer, wenn es um Sehenswürdigkeiten ging, ganz Ohr, dachte nervös, irgendwann muss dieser Geistliche doch zur Sache kommen.

»Ich möchte vorschlagen, dass wir noch gemeinsam ein Gebet sprechen.«

Nano folgte dem Pater in eine Seitenkapelle, ließ sich auf der Kniebank nieder und lauschte dem Gebet mit Spannung. Gonzales ist in Chile ein häufiger Name, leierte der Priester mitten im lateinischen Text. Der Revolutionär Pedro wurde in einem Dorf nahe den Bergen aufgespürt. Dort wohnt seine Familie noch immer, schloss er, stand auf und reichte Nano ein Gebetbuch.

»Bete drei Ave Maria als Buße für deine Sünden«, sagte der

Geistliche und ging. Nano blieb kniend zurück, schlug das Buch auf und entnahm ihm eine einfache Skizze des Straßenverlaufs.

Danke, lieber Gott, flüsterte er, ohne wirklich so zu empfinden. Als Nano die Kathedrale verließ, widmete der Geistliche sich schon anderen Besuchern, deutschen Touristen, die den Hinweisen auf alle Besonderheiten der Kirche interessiert lauschten. Nano legte einen Geldschein in das Gebetbuch und gab es dem Pater ehrfurchtsvoll zurück.

Er ging in sein Hotel zurück, bat um einen guten Stadtplan von Santiago und eine Karte der an die Stadt angrenzenden nordöstlichen Region in Richtung Anden.

»Können Sie mir einen Wagen besorgen?«

»Selbstverständlich.«

Der Mann von der Mietwagenfirma trug einen so eleganten Anzug, als wolle er an einer Teegesellschaft teilnehmen. Er brachte ihm einen Volvo.

Verdammt, dachte Nano.

»Es ist das Beste, was wir haben«, sagte der Elegante. Nano zeigte ihm seinen Führerschein und unterschrieb Papiere.

Als er sich in den hektischen dichten Großstadtverkehr einreihte, musste er zugeben, dass in dem Land, in dem es nie dunkel wurde, gute Autos gebaut wurden.

Dem Land, in dem Britta lebte.

Im nächsten Augenblick dachte er, dass dieses Auto vielleicht ein Zeichen war.

Dann schnaubte er. Er war doch nicht abergläubisch, oder …

Nano ließ die nicht enden wollenden Vororte irgendwann hinter sich und fand in das Tal, durch das sein Weg führen sollte. Grünes Land, gut umsorgtes Bauernland. Der starke Wagen ließ nicht spüren, dass es bergauf ging, aber Nano sah die Anden durch die Windschutzscheibe immer mächtiger werden.

Nach zwei Stunden erreichte er das Dorf, trank in der Schenke ein Bier und fragte ganz nebenbei nach der Familie Gonzales. Der Wirt lächelte verschlagen, zwinkerte ihm mit einem Auge verständnisinnig zu, und antwortete: »Fahren Sie noch zwei Kilometer weiter. Der Weg ist schlecht, aber Sie haben ja ein gutes Auto.«

Nano war unbehaglich zumute, als er zum Wagen zurückging, was, zum Teufel, hatte dieser Kerl mit seinem Zwinkern gemeint? Dann sah er die Häuser, die sich vor dem Hintergrund der schneebedeckten Gipfel an den Hang klammerten.

Häuser, nein, das waren keine Häuser. Eher Behausungen, ein paar uralte Wohnwagen, eine Anzahl schrottreifer amerikanischer Autos aus den sechziger Jahren. Und Scharen von mageren Kindern, die das Auto umschwärmten, schrien, bettelten. Es stank nach Unrat und Latrinen und noch nach etwas anderem – es war ein Geruch, den er kannte, den er aber nicht definieren konnte.

Er legte Brieftasche und Führerschein ins Handschuhfach, schloss es ab und steckte den Schlüssel in die Hosentasche. Dann stieg er aus dem Wagen und machte ein paar Schritte auf die größte Unterkunft zu.

Die Tür ging auf, und ein etwa fünfzigjähriger Mann trat auf die Schwelle. Nano blieb stehen.

Sie hatten einander noch nie gesehen, erkannten einander aber augenblicklich. Nanos Angst wich lähmendem Erstaunen.

Auch der ältere Mann war verblüfft, erholte sich aber schnell: »Ach ja«, sagte er. »Taucht da noch einer von Pedros Hurensöhnen auf. Wo kommst du denn her?«

»Aus London.«

»Aha, noch ein Ei von einer dieser Edelhuren, denen Pedro Geld abgeknöpft hat. Was suchst du hier?«

»Ich wollte meine Verwandten väterlicherseits kennen lernen.«

»Ach so.«

Kein Zweifel, es war so etwas wie Wärme zwischen ihnen aufgekommen.

»Nun, ich bin dein Onkel. Die Familie besteht aus lauter Verrückten. Pedro, der so genannte Revolutionär, der seinen Krieg und seinen Heldentod schließlich bekam, war der verrückteste von allen.«

»Ist das die ganze Wahrheit?«

»Ganz, was ist schon ganz in dieser Welt. Es ist meine Wahrheit. Wie heißt du?«

Nano zögerte, nannte aber seinen Namen und rief damit ein Aufflackern von Interesse in den Augen des anderen hervor.

»Aha«, sagte er. »Ich erinnere mich jetzt an sie, Matilde Larraino, schön wie ein Traum und dumm wie eine Gans. Sie hat ihrem Vater Geld gestohlen und es Pedro gegeben, der Waffen dafür kaufte. Die haben wir übers Gebirge geschmuggelt. Ach so, sie hat ein Kind gekriegt. Das haben wir nicht gewusst.«

Er schwieg eine Weile, sagte dann: »Die steinreiche Familie Larraino.«

Neuerlich Schweigen, bis er fortfuhr: »Du hast einen Bruder, er ist der Sohn der Puffmutter von Santiago, diesem außerordentlichen Frauenzimmer. Ihr Sohn hat die Bordelle geerbt und das Unternehmen ausgebaut.«

»Und du, womit beschäftigst du dich?«

»Das geht dich nichts an«, sagte der andere, und es klang wie eine Drohung. Im selben Moment erkannte Nano den undefinierbaren Geruch, der wie ein zarter Hauch über allem Gestank schwebte.

»Hau jetzt ab«, sagte Gonzales. »Mach, dass du so schnell wie möglich wieder nach London kommst, und grüß deine dämliche Mutter herzlich von mir.«

Nano hörte die Drohung heraus, sagte Adieu und ging zum Auto zurück.

Er hatte solche Angst, dass er mit der Gangschaltung nicht zurechtkam. Aber der Wagen bewegte sich von der Stelle, schnell, schneller, immer bergab. Kurz vor der Autobahnauffahrt nach Santiago wurde er von der Polizei angehalten. Man war äußerst höflich, ein Sergeant nahm ihn beiseite und fragte, was er bei Gonzales zu tun gehabt habe.

Nanos Herz pochte. Aber er reagierte eiskalt.

»Gar nichts«, sagte er. »Ich wollte so weit wie möglich Richtung Gebirge fahren. Vor einer Behausung habe ich einen alten Mann getroffen und ein paar Minuten mit ihm gesprochen.«

»Worüber denn?«

»Über die Berge und ob man hier klettern könne.«

»Und was hat er geantwortet?«

»Er hat mich ausgelacht. Gesagt, die Anden seien keine verdammte Touristenattraktion. Das hat mich geärgert, ich bin nämlich an Klettertouren in den Alpen gewöhnt.«

»In den Alpen?«

»Ja, einem Gebirge in Europa.«

Der Polizist war immer noch höflich: »Warum haben Sie in der Dorfschenke nach Gonzales gefragt?«

»Weil mir jemand gesagt hatte, dass diese Leute die Andengipfel kennen.«

»Und was hat Gonzales darauf geantwortet?«

»Er hat mich aufgefordert, mich zum Teufel zu scheren.«

Der Volvo wurde mit Hilfe eines Hundes durchsucht, Nano hatte Berichte über Drogenhunde gelesen, wusste also Bescheid.

Er zeigte dem Sergeanten gelassen seine Papiere, wo dieser immer wieder auf den Namen Larraino stieß.

»Ist Señor Larraino Ihr Vater?«

»Ja, ich bin hier, um unseren Familienbesitz bei San Felipe zu besuchen. Das alles kann ich mit meinem Pass und anderen Unterlagen im Hotel belegen.«

Der Hund kam mit eingezogenem Schwanz zurück. Der Polizeibeamte entschuldigte sich, es war überstanden.

Nano hatte sich noch nie so stark gefühlt, wie während des schleppenden Vorankommens durch Santiago zum Hotel. Er war verschwitzt, müde und hungrig und unglaublich zufrieden.

Als er geduscht und sich eine Weile hingelegt hatte, kam die Angst. Was, was in Dreiteufels Namen sollte er Matilde sagen?

Das war ein neuer Zustand. Gefürchtet hatte er sich immer, aber anders als jetzt.

Was soll ich sagen … Er hatte die Verantwortung für sie.

Im nächsten Moment wusste er: Sie sollte es nie erfahren.

Er war zu müde, um hinunter in den Speisesaal zu gehen, rief also den Zimmerservice an. Er verschlang ein paar belegte Brote und leerte eine Flasche Wein. Und schlief im Nachtlärm der Stadt, die niemals schlief, bis zum Morgen durch.

Am nächsten Tag tat er, was ihm aufgetragen war, fuhr die wenigen Meilen zum alten Familienbesitz nördlich von San Felipe. Es war eine schöne Landschaft, grün, lieblich, gepflegt. Die hohen Avocadobäume reckten sich zwanzig Meter in den Himmel, die Zitronenbäume dufteten, Mais, alle Arten Gemüse wuchsen auf gepflegten, lang gestreckten hügeligen Feldern, die von Gräben mit nie versiegendem Wasser aus den Anden umgeben waren.

Aber fast brutal veränderte sich die Landschaft, als er das Familiengut erreichte, verkommen, von Unkraut und Dorngestrüpp überwuchert, und mittendrin eine verrußte Ruine. In unmittelbarer Umgebung lebten Menschen wie die Ratten in verfallenen Lehmhütten.

Hoffnungslos.

Vom Hotel aus hatte Nano den Anwalt der Familie Larraino angerufen und eine Uhrzeit vereinbart. Jetzt saß er im Büro dieses Mannes.

»Gibt es Käufer?«, fragte er.

»Viele«, sagte der Anwalt, der ein sympathischer älterer Herr mit freundlichen Augen war.

»Glauben Sie, dass einer davon es schaffen könnte?«

»Ja.«

Die nun auftretende Stille währte so lange, dass es peinlich wurde.

»Die Familie Larraino will das Gut also nicht wieder in Besitz nehmen?«, frage der Anwalt schließlich.

»Nein.«

Nano lächelte zufrieden. Er hatte einen Entschluss gefasst.

Auch der Anwalt wirkte erleichtert: »Das höre ich gerne. Sie müssen wissen, Ihr Großvater war … hier … nicht gerade beliebt. Er peitschte seine Landarbeiter aus und vergewaltigte ihre Frauen.«

»Großer Gott«, sagte Nano, und die Gedanken schossen ihm durch den Kopf. Er trug sowohl von Vaters als auch von Mutters Seite an einem schlimmen Erbe. Kein Wunder, dass …

Er nahm sich zusammen, sagte: »Würden Sie mir wohl ein paar Worte über den von Ihnen empfohlenen Käufer sagen?«

»Er ist akademisch ausgebildeter Landwirt, nicht reich, sie müssten einen Schuldbrief akzeptieren. Aber ich kann Ihnen versichern, er wird das Gut wieder auf die Beine bringen.«

»Würden Sie seine Unterlagen bitte an mich persönlich nach London schicken. Dann können wir das Geschäft abschließen.«

Bevor er den Wagen vor der Anwaltskanzlei wendete, betrachtete er noch einmal den Gebirgszug. Die Berge standen in der rot untergehenden Abendsonne fast in Flammen. Überwältigend. Er musste an die Schwindel erregenden Andenpässe denken, über die das Schmugglergeschlecht der Gonzales seine Waren über die Grenze brachte.

Ein erschreckender Gedanke durchfuhr ihn: Sein Vater war ein kühner, todesverachtender Abenteurer gewesen.

Auch das war ein Teil seines Erbes.

José und Inge saßen in einer Vorortpizzeria, aßen aber kaum etwas. José übersetzte sehr langsam die dicht beschriebenen Seiten des längsten Briefes, den Nano je geschrieben hatte.

Als sie schließlich ihren Kaffee bekamen, sagte José: »Was, zum Teufel, soll ich tun. Ich sage etwas, was mir gerade einfällt, und er fasst es als Befehl auf. Und heraus kommt das hier.«

»Hat er mit Matilde über Pedros Verachtung für die Gesellschaft gesprochen?«

»Nein. Mir scheint, er hat begriffen, dass er sie damit umbringen würde.«

»Vielleicht hast du Recht«, sagte Inge und sah zum Fenster hinaus, wo ihre Worte irgendwo hängen blieben. Es regnete, sie dachte über den jungen Mann nach, auf dem ein Geheimnis lastete: »Vielleicht ist alles gar nicht wahr, es ranken sich ja immer allerlei Geschichten um einen toten Revolutionär. Du weißt, sie sind angeblich immer auch Weiberhelden.«

»Das klingt gut, das werde ich Nano sagen.«

»Kein Wort zu Britta.«

»Nein, das ist klar. Aber was soll ich tun?«

»Ich weiß nicht.«

José kehrte zu seinen Bussen zurück, unbefriedigt. Im Lauf des Nachmittags hatte er eine Idee, und bevor er heimging, rief er Inge an. Ob sie Nano wohl ein Telegramm schicken könne. Auf Englisch. »Nimm Flug Arlanda 3. September, hole dich ab. Weiterfahrt Dalarna, Gleitflug erlernen. Erbitte Mitteilung Ankunft Arlanda telefonisch. José.«

Inge gab das Telegramm auf, rief José an: »Nicht dass ich kapiere, was du vorhast. Ich möchte dir nur sagen, dass du keine Verantwortung für das trägst, was passiert ist. Aber du bist ein beachtenswerter Mensch.«

36

Mira trotzte dem Regen, machte sich auf den Weg zum Strand. Das Meer war grau und wellig, aufgewühlt wie ihre Gedanken. Ihr fiel etwas ein, was Inge über die Katze gesagt hatte, über den großen Kater der Nachbarin. Ganz nebenbei, wie etwas Selbstverständliches, über das ein Außenstehender aber lange nachzudenken hatte.

»Er ist groß und träge. Du weißt schon, so werden sie, wenn man sie kastrieren lässt. Es ist, als ob sie dadurch die Lebenslust verlieren.«

Dann hatten sie über anderes gesprochen, Inge hatte Miras Erstaunen überhaupt nicht bemerkt. Obwohl Mira Inge lange angestarrt hatte, weil ihr zum ersten Mal aufgefallen war, dass Inge Bertilsson der schottischen Dame ähnelte, langer Hals, kühler Blick und ein Gesicht, das ein Geheimnis nie verraten würde.

Katzen! Mira hatte ab und zu überlegt, warum schwedische Katzen oft fett und faul waren. Sie hatte es auf ein besonderes Rassemerkmal zurückgeführt. Jetzt wusste sie, dass man sie einer Operation unterzog, um ihnen die Lust zu nehmen.

Sie selbst war noch nie operiert worden, hatte aber trotzdem nie Lust verspürt. »Wenn ich mit dir schlafe, habe ich immer das Gefühl, ich liege mit einer Portion Hackfleisch im Bett«, hatte ihr Mann einmal gesagt. Mira hatte diese Beschreibung gut gefunden und sich alle Mühe gegeben, eine Portion Hackfleisch mit einem

Loch zu werden. Und sie hatte sich über das Ergebnis gefreut: vier gesunde Kinder.

Als sie nach Schweden kam, war sie von dem vielen Gerede über Sex unangenehm berührt gewesen. Sex, schon allein dieses Wort!

Diese Schweden waren wie besessen davon. Die Schwedinnen übrigens auch! Anfangs hatte Mira Ekel empfunden, sich wegen jedes nackten Mädchens in der Zeitung mit entsprechender Schlagzeile geschämt. Nach einigen Jahren aber kam in ihr das Gefühl auf, dass ihr selbst etwas entgangen war.

Warum?

Natürlich konnte man es auf die kulturelle Entwicklung zurückführen. In Chile wuchsen Mädchen ahnungslos auf. Hörten immer nur, dass sie auf sich aufpassen müssten. Sie hatte den Sinn dieser Worte nie verstanden.

Mira blieb stehen, wandte dem Meer ihr Gesicht zu, vom Regen gepeitscht überkam sie ein alter Schmerz.

Sie war so hässlich gewesen, diese neue Frau, derentwegen Papa sie verlassen hatte, so plump. Mira suchte nach einem schwedischen Wort dafür, fand es: vulgär.

Sie hatte einen Mund von einem Ohr zum anderen, der jeden zu verschlingen drohte, der ihm zu nahe kam, erinnerte Mira sich. Sie konnte diese schwerfällige Frau jetzt vor sich sehen, die sich so langsam bewegte.

Sinnlich!

Ihr fiel plötzlich die Anzeige in einer schwedischen Zeitschrift ein: ›Gute Mädchen kommen in den Himmel, böse überall hin‹.

Ihre Mutter war kalt und schön gewesen, hatte sich sparsam bewegt und Berührungen gefürchtet. Als Kind hatte Mira sich nach Zärtlichkeit gesehnt, dann und wann hatte sie versucht, ihre Mutter zu streicheln. Aber sie war mit einer Härte zurückgewiesen worden, die lange schmerzte, nicht nur auf der Wange, auf der die Ohrfeige gelandet war.

Jetzt fiel ihr ein, dass es ihrem Vater nicht anders ergangen war, eine Annäherung, und Mutter kehrte ihm den Rücken und verschwand. Dass sie ein Kind bekamen, war ein Wunder, dass dieses Kind heranwuchs und sich entwickelte, war das Verdienst ihres Vaters. Sie hielt sich an ihren Vater, seine Antworten waren Märchen und Lieder, Umarmungen und Lob, Ausflüge und Abenteuer. Von ihm hatte sie ihre Neugier, ihren unersättlichen Appetit auf die Welt: Hör mal, schau, ist es nicht seltsam …

Während der vielen Jahre hier in Schweden hatte sie versucht, sich ein klareres Bild von ihrer Mutter zu verschaffen. Es war von einem weiteren Kind gemunkelt worden, einem älteren Bruder Miras. Familienklatsch?

Und dann waren da die Vermutungen, was ihrer Mutter passiert sein mochte, als sie bei den Cousins arbeitete, die auf dem großen Gut südlich von Santiago Landarbeiter waren. Sie war dreizehn Jahre alt gewesen.

»O Dios!«, sagte Mira aufs Meer hinaus.

Ebenso alt wie Otilia, als …

Sie war nass im Gesicht.

Weinte sie? Nein, es war der Regen.

Auf dem Rückweg war sie dankbar für den weiten Trenchcoat, den Inge ihr geborgt hatte. Er hielt die Nässe ab, er war hässlich wie das meiste, was Inge besaß, schon allein das graue, triste Haus, in dem Inge sich eingenistet hatte. Und sie hatte mit tristen Möbeln und diesen vielen Büchern alles nur noch verschlimmert. Wie oft man auch putzte, immerzu war alles staubig.

Wie nannten die Schweden das? Sie musste lange nachdenken, bis ihr das Wort einfiel: funktionell. Doch, der Trenchcoat war funktionell, aber es regnete, zum Kuckuck, dennoch schließlich nicht jeden Tag.

Sie hatte den Wind jetzt im Rücken, und der Zorn verwehte, das waren dumme Gedanken gewesen und sie, wie üblich, ungerecht.

Dann musste sie an ihre Hochzeit denken. Sie war siebzehn, der Mann zehn Jahre älter, ein Linker und zukunftsorientiert. Er hatte ihr eine Broschüre mit Bildern vom Geschlechtsverkehr in die Hand gedrückt, von Babys, die sich im Bauch der Frau entwickelten, und von anderen Dingen, die gut zu wissen waren. Aber Mama nahm ihr das Heft weg, Mira hatte noch kaum darin geblättert, als ihre Mutter es zerriss und die Schnipsel verbrannte. Mit vor Wut und Abscheu weißem Gesicht.

So wurde dann eben alles zu Hackfleisch, dachte Mira und versuchte zu lachen. Aber es klang wie ein Schluchzen.

Sie erinnerte sich, wie ihr erster Sohn unterwegs war und der Bauch sich wölbte. Sie sei unappetitlich, sagte die Mutter, und Mira schämte sich so sehr, dass sie sich nicht einmal aus dem Haus wagte, um einkaufen zu gehen.

Mit großen Schritten steuerte sie Inges Haus an, und Inge sagte, mein Gott, bist du nass, komm herein und trockne dich ab, ich mache inzwischen Feuer im Kamin und stelle Teewasser auf.

»Ich möchte Tee mit Kognak.«

»Sollst du haben. Nur ja keine Erkältung.«

Als das heiße Getränk seinen Weg in den Magen nahm, konnte Mira die Scham überwinden und ihre Frage stellen: »Ist Sex wirklich das Wichtigste im Leben?«

Inge hatte ausnahmsweise keine fertige Formulierung auf Lager, sondern nur zögernde Worte: »Das kann ich nicht glauben.«

»Aber du hast das von diesem Kater gesagt. Dass er durch die Kastration die Lebenslust verloren hat.«

Inge blieb der Mund vor Verblüffung offen, aber sogleich legte sie los: »Du lieber Himmel Mira, wir sind doch keine Katzen. Wer von uns streunt in seinem Liebesdrang schon schreiend durch Höfe und Gärten!«

»Willst du damit sagen, für uns gibt es Erfreulicheres?«

»Ja. Wir leben doch beide ohne Sex und haben trotzdem eine ganze Menge Freude am Leben.«

Mira rang sich ein schiefes Lächeln ab und meinte, sie halte es dennoch für traurig, dass ihnen das alles entgangen sei. Als hätte man nicht richtig gelebt.

»Aber du hast doch Kinder geboren, also musst du immerhin…«

Und Mira begann von allen Gedanken zu erzählen, die ihr am Meer gekommen, von allen Erinnerungen, die ihr durch den Kopf gegangen waren. Es dauerte seine Zeit.

Inge schwieg auch noch, als Mira geendet hatte. Dann sagte sie überraschend: »Jetzt habe ich etwas von dir gelernt.«

»Was denn?«

»Unser Fehler ist, dass wir Sex mit Liebe verwechseln.«

Es war lange still zwischen ihnen, was bei Inge absolut ungewöhnlich war. Schließlich fragte Mira fast schüchtern: »Und an was denkst du jetzt?«

»Ich suche rückblickend nach dem Glück. Nach Augenblicken, in denen ich ein so überwältigendes Glück verspürt habe, dass die Zeit stehen blieb. Wenn dein ganzer Körper und alle deine Sinne zu Licht werden.«

Inges Blick schweifte durchs Fenster ab, doch ihr Gesicht strahlte.

Die Kinder rannten voraus, Britta mehr hopsend als laufend, und Ingrid, die sie lachend an der Hand hielt. Wie alt konnten sie gewesen sein, neun und sieben, also in dem Alter, in dem das Leben keine Vorbehalte kennt.

Der Himbeerschlag am Wald, himbeerrote Kindermünder und

Wangen. Helles, von Vogelgezwitscher untermaltes Lachen. Ein Baumstumpf, darauf ein Käfer, Ingrid, die seinen Namen wissen wollte und den Namen wunderbar fand. »Maikäfer«, trällerte sie, »Maiheiheiheiheienkäfer!«

»Was haben deine Erinnerungen dir gezeigt?«, fragte Mira.

»Bilder von den Kindern. Wenn ich zurückdenke, sind meine glücklichsten Erlebnisse mit den Kindern verbunden.«

Mira nickte, sie lächelte: »An solche Augenblicke erinnere ich mich auch.«

Dann dachte sie nach: »Wie ist es eigentlich zu verstehen, dass du deinen Mann immer noch liebst, obwohl du solche Angst davor hast, dass er hier auftauchen könnte?«

»Erinnerst du dich, wie du geschnaubt hast? Und du hattest Recht. Die Wahrheit ist wohl, dass das einzige, was zwischen uns geklappt hat, die Sexualität war. Er hat eine Lust in mir geweckt, die ich heute noch spüre. Ich habe vorhin schon zu sagen versucht, dass wir Frauen Sex mit Liebe verwechseln.

Zumindest wir Älteren«, fügte sie hinzu. »Ich glaube, die Jüngeren sehen nüchtern den Unterschied.«

Mit einem schiefen Lächeln fuhr sie fort: »Frauen wie ich müssen die Lust vielleicht in Liebe verpacken, damit das alles gesitteter wirkt. Sinnliche Lust, das klingt ja schrecklich … nackt. Wir scheinen uns unserer Körper und unserer Begierden zu schämen. Du weißt, dass viele Frauen Schwierigkeiten mit dem Orgasmus haben und dass man das heutzutage sogar als Behinderung wertet.«

Sie saßen schweigend vor dem Feuer, bis Inge fortfuhr: »Mir will manchmal scheinen, dass die weibliche Sexualität eine Schattenseite hat. Wir empfinden es als Genuss, uns zu unterwerfen. Und dafür braucht man sich nicht zu schämen, solange man es für Liebe hält.«

Mira glaubte das nicht zu verstehen.

»Darum finde ich heute das Verhalten der jungen Leute von Heute gut, die es einfach ausprobieren, die mit der Lust spielen. Wunderbar schamlos«, sagte Inge.

»Das kann nicht stimmen. Sieh dir Britta und Nano an, die verliebt und gleichzeitig verzweifelt sind.«

Fast betrübt stimmte Inge zu: »Du hast Recht. Ich habe das, was die Leute Leidenschaft nennen, wohl nie verstanden. Ich halte es wie immer, diskutiere …«

»Du glaubst nicht an das Schicksal?«

»Nein, ich will nicht.«

»Hör zu …«

Mira erzählte von Otilia, dem Kind, das seiner Großmutter schon in der Wiege so ähnlich war, dass die Leute staunten, die gleichen dunklen Mandelaugen, die hohe Stirn, die feinen Gesichtszüge. Auch ihr Wesen, sie hielt Distanz, ihre Person strahlte Würde aus. Und sie erzählte, wie die Großmutter dann mit dreizehn Jahren vergewaltigt worden war.

»Wie Otilia«, flüsterte sie. »Mutter habe nach der Vergewaltigung ein Kind bekommen, hieß es. Das wenigstens ist Otilia erspart geblieben.«

Inge fühlte, wie ihr Herz Sprünge machte. Aber sie biss die Zähne zusammen.

»Es gibt noch einen weiteren großen Unterschied, Mira. Deine Mutter ist über siebzig Jahre alt geworden. Otilia ist mit vierzehn gestorben.«

»Das ist in einer gewissen Weise wahr. Aber … ja, du weißt doch, dass meine Mutter eigentlich gar nicht gelebt hat. Sie hat nur überlebt.«

Inge nickte, ließ aber nicht locker: »Es gibt noch andere Unterschiede. Du hast erzählt, dass Otilia ein anschmiegsames Kind war, sie saß auf deinem Schoß, wollte gestreichelt werden und war selbst zärtlich. Ein sanftes und fröhliches Kind.«

»Das ist wahr. Aber vielleicht war meine Mutter auch so, bevor ...«

Mira hatte Inges Bedrängnis wahrgenommen und nahm jetzt allen Mut zusammen: »Du verheimlichst mir etwas. Schon lange.«
Inge holte tief Luft: »Bist du sicher, dass du es wissen willst?«
Nach langem Schweigen antwortete Mira.
»Nein. Wir warten noch eine Weile. Wenn wir uns das nächste Mal wieder sehen, sage ich es dir.«

37

Mitte August kam der Sommer zurück.

Hitzewelle.

Komisch, dieses Wetter, sagten die Leute. Wahrscheinlich das Ozonloch.

Inges inneres Auge war auf Britta gerichtet, die sich mit ihrem breiten Lächeln rein äußerlich gleich geblieben war. Doch ihre Mundwinkel hatten sich in die Wangen eingegraben.

Der Verlag wollte ein neues Buch haben. Früh an einem Morgen beschloss Inge, um Aufschub zu bitten. Sie hatte nicht die Kraft zum Schreiben. Gerade jetzt nicht. Aber das Thema war interessant: Wie bringt man Kindern das Lernen bei …

Noch vor einem Jahr hätte sie darüber viel zu sagen gewusst, jetzt war sie unsicher …

Bei den meisten Dingen, bei allem.

Sie machte einen Schritt auf Britta zu und sagte: »Du weißt, dass ich immer zum Zuhören bereit bin.«

»Schon, aber … ich habe dir nichts zu sagen.«

»Ist okay.«

Aber das war es ja nicht.

Die Formulierungen im Tagebuch wurden zorniger, manchmal geradezu wütend. Warum, zum Teufel, sollte sie allein all die schrecklichen Geheimnisse hüten? Wie bei der Sache mit Mira. Oder mit Nano, der zum Gleitflug nach Schweden kommen wollte. Und Matilde … die nur eine von Pedro Gonzales'

High-Society-Nutten gewesen war. Sie konnte nicht überleben, wenn …

Dann stellte sie fest, dass Matilde sie nichts anging, sie hatten schließlich keine gemeinsamen Kinder.

Dem fügte sie ein Ausrufezeichen und ein großes Fragezeichen hinzu und schrieb dann: »Aber vielleicht haben wir sie doch …«

Und dann war Britta wieder der Mittelpunkt ihrer Sorgen.

Ingrid trug sich mit dem Wunsch, an der Lehrerakademie zu studieren. Das war eine Geschichte für sich, sie wollte Sozialarbeiterin werden und hatte ihre Papiere schon an der Hochschule für Sozialberufe abgegeben. Inge hatte sich nicht eingemischt, war jetzt aber so weit mit sich ins Reine gekommen, dass sie ihre Zweifel zu zeigen wagte.

Als sie spätabends an ihrem Tagebuch schrieb, versuchte Ingrid es ein wenig hintenherum.

»Mama, was hast du gegen die Sozialhochschule?«

Inge klappte ihr Tagebuch zu, lehnte sich zurück: »Es gibt Berufe, für die man sich viel zu sehr eignet und die schon allein aus diesem Grund ungeeignet sind«, sagte sie schließlich.

»Wie meinst du das?«

»Du wirst jeden einzelnen Fall persönlich nehmen, den obdachlosen Alkoholiker ebenso wie die Ehefrau, die sich misshandeln lässt, oder die Kinder, die darunter zu leiden haben. Im Rahmen der Gesellschaftsordnung kannst du nicht viel für sie tun. Ich will nicht pathetisch werden, aber für einen solchen Job ist deine Liebesfähigkeit zu groß.«

»Mama, wer sonst soll denn dann jenen helfen, die ohne Hoffnung sind?«

»Jemand mit rationaler Seele.«

»Und die habe ich nicht?«

»Ingrid, ich kann mich irren, aber ich fürchte, du wirst … wie nennt man das jetzt … ja, ausgebrannt.«

Eine Woche später stürmte Ingrid ins Haus, wedelte mit Papieren: »Mama, ich bin in die Lehrerakademie aufgenommen worden. Ich habe es nach unserem Gespräch dort versucht und bekam einen Platz, nachdem jemand abgesagt hatte.«

Inge hatte vor Erleichterung geweint, Ingrid tanzte um sie herum, sah wohl die Tränen und sagte: »Manchmal, mein Mütterlein, bist du verdammt dumm.«

Britta machte sich in die Großstadt auf, um Lehrer und Studienkollegen an der Klinik des Karolinska kennen zu lernen. Die beiden Schwestern hatten Glück und fanden nahe Roslagstull zusammen ein Zimmer. Sie waren beide mächtig gespannt, jetzt wurde es Ernst.

Die Woche über würde Inge wieder allein sein, und sie empfand das als angenehm. Mira würde, wie gewohnt, kommen und gehen, an Gesprächen und Besuchen würde es also nicht fehlen. Plötzlich schämte sich Inge, zwischen Mira und ihr war ein gewisser Ernst aufgekommen. Zum ersten Mal wurde ihr bewusst, dass es mehr als eine gewöhnliche Freundschaft war, dass damals, als sie sich in der Gärtnerei begegneten, etwas zum Leben erweckt worden war.

Fast so etwas wie eine neue Liebe.

Aber sexuelle Verlockungen waren nicht mit im Spiel, weder Mira noch sie selbst neigten dazu. Lange Zeit saß Inge vor ihrem Tagebuch und bedauerte zutiefst, dass dies nicht der Fall war.

Aber das schrieb sie nicht hinein.

Stattdessen schrieb sie von der Freude an ihrer Freundschaft. Wie Mira sie gelehrt hatte, alles neu zu sehen.

In Großbuchstaben schrieb sie: »WIE MIT DEN AUGEN EINES NEUGEBORENEN«.

Nach und nach gab sie sogar zu, dass sie ihre intellektuelle Distanz aufgegeben hatte. Jene Mauern, die sie um ihr Leben errichtet hatte. Es war keine Laune des Schicksals, dass so vieles, was jetzt geschah, schmerzte. Dass sie in Vorgänge hineingezogen wurde, bei denen die alte Vernunft ihr keine Hilfe war.

Das war bisher nur ein einziges Mal passiert, damals, als sie Jan kennen lernte. Ein Mann aus einer anderen Welt trat in ihr Leben. Und veränderte alles. Jetzt hatte eine Frau dies getan, hatte buchstäblich die Schwelle einer anderen Welt überschritten.

»Ich liebe sie«, schrieb Inge in ihr Tagebuch, änderte es dann aber ab in »habe sie sehr gern«.

Das Telefon klingelte, es war José, der herüberkommen wollte.

»Bist du allein?«

»Ja, du bist willkommen.«

Er kam, hatte tiefe Falten zwischen den Augenbrauen.

»Geht's dir nicht gut?«

»Nein. Mir gefällt diese Heimlichtuerei mit Nano nicht. Er wird im September hierher nach Schweden kommen. Ich habe das Gefühl, wir hintergehen Britta.«

In diesem Augenblick kam Inge dieses Gefühl der Sorge um Britta bekannt vor.

»Du hast Recht«, sagte sie. »Klar müssen wir es ihr sagen. Hast du Zeit? Ich nehme an, Britta kommt mit dem Bus um neun. Ingrid bleibt über Nacht in der Stadt.«

Britta betrat die Küche wie eine Königin, groß, aufrecht, vorbehaltlos lebendig, aber herber als José sie in Erinnerung hatte. Als sie ihn erblickte, überzog das breite Lächeln mit der blitzenden Zahnreihe ihr Gesicht.

»Wie schön, dich zu sehen.«

»Ich glaube nicht, dass du das auch dann noch findest, wenn ich gesagt habe, was ich sagen will.«

Er nahm den langen Brief zur Hand, siebzehn Luftpostseiten, die im Durchzug von der offenen Tür zu flattern begannen. Inge zündete eine Kerze an, die gleichermaßen flackerte.

Sie schloss die Tür.

José übersetzte, langsam, nach den passenden schwedischen Ausdrücken suchend. Britta drückte die Augen fest zu, ihr Gesicht war so bleich wie der Augustmond draußen vor den Glastüren. Und ebenso kalt.

Sie unterbrach José nur ein einziges Mal: »Was hattest du zu ihm gesagt?«

José antwortete, er habe das nie für so wichtig gehalten: »Lerne deine andere Hälfte kennen.«

»Und daraufhin ist er gefahren ...?«

»Ja.«

»Alleine?«

»Ja.«

José fuhr mit dem Übersetzen fort, es ging so langsam, dass Britta jedes Wort auskosten konnte. Die Schilderung der Landschaft, die Begegnung mit den Schmugglern am Fuß der Anden, den Onkel, der ihn augenblicklich als einen von Pedros zahllosen Hurensöhnen erkannt hatte, die Polizei, die sein Auto mit Drogenhunden durchsucht hatte. Den Verkauf des alten Landgutes, seine Angst vor der Mutter, den Entschluss, ihr nichts davon zu erzählen.

Sie fragte nicht weiter, gab keinen Kommentar ab. Als José den Brief zusammenfaltete, seufzte er: »Jetzt kommt das Schlimmste. Ich fühle mich verantwortlich, und außerdem mag ich ihn.«

Dann zeigte er ihr das Telegramm mit der begeisterten Antwort: »Vielen Dank. Lande Arlanda 12.9. Zeit 11 Uhr 30.«

Es war so still, dass sie die Wanduhr im Arbeitszimmer rasseln hörten, bevor sie elfmal schlug. Schließlich sagte Britta: »Was ist Gleitflug?«

Endlich konnte José seine verlegene Miene ablegen. Beim Erzählen leuchteten seine Augen wie die eines kleinen Jungen, der ein großes Abenteuer erlebt hat.

»Das klingt ja verrückt«, sagte Britta. »Und furchtbar gefährlich. Glaubst du, dass Nano diesen Mut aufbringt?«

»Es gehört außerdem ein Fallschirmtraining dazu.«

»Lieber Gott.«

»Wieso?«

»Er hat Höhenangst.«

»Klingt gut«, sagte José. »Fallschirmspringen ist die beste Art, sie loszuwerden.«

Brittas Augen waren groß vor Staunen. Schließlich sagte sie: »Warum habe ich mich in Nano verliebt und nicht in dich?«

»Ja, das ist wirklich schade«, meinte José, und endlich konnten sie lachen.

Britta durfte den langen Brief vorläufig behalten.

»Mein Spanisch ist nicht besonders gut, aber ich werde mich durchbuchstabieren«, meinte sie.

Als José aufbrach, war er einigermaßen erleichtert.

Britta holte sich ein spanisches Wörterbuch, sagte Inge gute Nacht, drehte sich auf der Treppe um, fragte: »Glaubst du, Nano kann erwachsen werden?«

»Warten wir's ab.«

»Das bedeutet, es gibt eine Chance?«

»Britta, ich bin keine Wahrsagerin.«

38

Okay, wie es auf gut schwedisch heißt. Ich höre«, sagte Mira.

Sie waren mit dem Auto hinauf in die großen Wälder gefahren, um Pilze zu suchen. Und sie hatten Pfifferlinge und ein paar prächtige Steinpilze gefunden. Jetzt verschnauften sie, jede mit einem Apfel in der Hand, jede auf einem Baumstumpf.

Inge seufzte, Mira erschrak kurz vor der Schwärze in ihren Augen.

»Sie hat ein Kind gekriegt«, sagte Inge geradeheraus. »Die schottische Frau hat Ingrid mit in die Küche genommen und es ihr erzählt, meinte, jemand von deinen Freunden müsse es erfahren.«

Mira saß schweigend da, wortlos. Inge weinte.

»Niemand weiß, was aus dem Kind geworden ist, es wurde ihr weggenommen.«

»Junge oder Mädchen?«

»Weiß niemand.«

Mehr gab es nicht zu sagen, nicht in diesem Augenblick. Sie warfen ihre Apfelbutzen unter die Birken und sahen, dass das Laub in den hohen Baumkronen schon gelb wurde. Der Herbst kündigte sich an.

Inge hatte den Wagen auf einem gewundenen Waldweg abgestellt, erst jetzt wurde ihr bewusst, dass sie nur im Rückwärtsgang herauskommen konnte. Rückwärtsfahren war nicht ihre Stärke. Und die Tränen, die die Sicht behinderten, machten die Sache nicht besser.

Aber sie kamen heraus. Mit einem Seufzer der Erleichterung wendete sie den Wagen auf der breiteren Straße.

»Hast du Geld bei dir?«, fragte Mira.

»Sieh mal in meiner Brieftasche nach.«

»Zweihundert. Leihst du sie mir, ich möchte Blumen für Mutters Grab kaufen.«

»Wir fahren nach Läggesta.«

Sie kaufte kleine Topfrosen, wunderschön rosa und zierlich.

Wie Otilia, dachte Inge.

»In einem Monat wird der Frost sie holen«, sagte Mira. »Ich finde das gut so.«

Sie beschlossen, zu Mira nach Hause zu fahren, um die Pilze zu säubern und zuzubereiten.

»Wir machen uns Frikadellen dazu, ich habe Hackfleisch im Kühlschrank. Und saure Sahne«, sagte Mira, und Inge nickte.

Sie hörte erst zu weinen auf, als Mira meinte, jetzt ist's aber genug. »Im Moment helfen Tränen nichts.«

Spätabends fragte Inge, schon im Gehen: »Möchtest du, dass Ingrid herüberkommt? Sie weiß ja besser, was in der schottischen Küche gesprochen wurde.«

»Nein, nicht jetzt. Vielleicht ein andermal.«

Inge umarmte sie herzlich und fühlte, dass Mira kleiner und abweisend geworden war. Wie damals im Frühling.

Ein tiefdunkler, kalter Abend brach herein, der erbarmungslose Herbst drückte dem Dasein schon seinen Stempel auf.

Mira führte eines ihrer langen Gespräche mit Gott. Sie begann mit einem Angriff: »Wie kannst du zulassen …?«

Darauf antwortete er nicht, und sie begriff, dass sie höflicher werden musste.

»Lieber Gott, lass mich jetzt nicht im Stich.«

Da spürte sie seine milde Gegenwart. ER war da.

»Danke«, sagte sie einfach. »Darf ich dich fragen, ob mein Enkelkind lebt?«

»Nein, ich habe es sofort zu mir genommen.«

»Und Otilia, ist sie auch bei dir?«

Jetzt lächelte die sanfte Wärme, die Miras Bett umgab, und schon kam die Antwort.

»Natürlich.«

Das Gespräch war schon weiter fortgeschritten, als Gott sie an die sieben Teufel erinnerte, denen der Mensch ohne Furcht begegnen musste, bevor er seinen Schutzengel kennen lernen durfte. Er sagte: »Es gibt nicht mehr viel, wovor du dich fürchten musst.«

»O Gott, du musst vergessen haben, wie es hier auf der Erde zugeht. Mein Heim kann abbrennen, meine Söhne können sich totfahren, ich kann Krebs bekommen, es kann Krieg geben ...«

Alle ihre Ängste zählte sie ihm auf.

»Ich glaube, der kleine Lars-José wird in der Schule gemieden. Wegen seiner schönen Augen«, sagte sie.

ER schwieg.

Zuletzt äußerte sie noch die allerschlimmste Befürchtung: »Die verrückten Militärs könnten auch hier in Schweden einen Putsch machen.«

Da lachte ER, und sie verzog den Mund: »Nun«, sagte sie. »Du weißt ja, dass ich recht dumm bin.«

Er bestätigte es und meinte, sie solle jetzt schlafen.

Sie gehorchte und hatte einen seltsamen Traum. Ein Bus: Auf dem Sitz neben ihr saß Janvier, zwölf Jahre alt und doch schon ein richtiger Mann. Sie fuhren nach Norden, der peruanischen Grenze entgegen.

Sie konnte sogar jetzt die Erregung über das Vorhaben spüren, zu dem sie und der Junge unterwegs waren. Und die Last in ihrem

BH, in dem die schweren Geldbündel untergebracht waren, das Geld der Gewerkschaft.

»Du schaffst das«, hatte ihr Mann gesagt. »Du siehst aus wie eine dumme Bauersfrau, kein Mensch wird dich verdächtigen.«

An der Grenze gab es Soldaten, Zöllner, überall Waffen, die auf andere Länder gerichtet waren. Sie half sich mit der Lüge, die sie auswendig gelernt hatte, sie wolle einen Vetter besuchen, der in einem Dorf jenseits der Grenze wohne.

O weh, dachte sie im Traum, so viele Indianer. Staunte, hatte das längst vergessen.

Ein großer Marktplatz auf der anderen Seite, eine Fülle von wunderbaren Dingen, Nylonstrümpfe, seidene Unterwäsche, Schmuck. Schöne indianische Textilien. Und Leben und Lachen. Sie aber tat, wie ihr gesagt worden war, ging zu dem Mann am Stand ganz hinten links.

Und kaufte Gold, kiloweise Ringe.

Ihr Herz klopfte vor Aufregung, als sie in das Zelt schlüpfte, in dem die Leute ihre Notdurft verrichteten, noch im Traum roch sie den Gestank. Aber sie konnte alle goldenen Ringe im BH unterbringen.

Und sie kamen in einer langen Schlange über die Grenze, wo die schläfrigen Soldaten ihnen keinerlei Aufmerksamkeit schenkten.

Sie und auch der Junge waren total verschwitzt. O Dios, wie warm es doch war.

Ihr Mann nahm die Ringe entgegen, verkaufte sie und mehrte den Barbestand der Gewerkschaft. Nicht einen einzigen Ring durfte sie behalten.

Jetzt saß sie in ihrer schwedischen Küche und dachte, dass sie zum ersten Mal Bild für Bild eine wahre Erinnerung geträumt hatte. Vielleicht wollte Gott sie trösten.

Beim Kaffeetrinken war sie wieder bei Otilia und verrannte

sich in einen einzigen Gedanken: Otilia hatte ein Mädchen geboren. Eine Enkelin, ein kleines Mädchen.

Nun konnte sie weinen. Duschen, sich anziehen und zur Arbeit gehen.

Zwei Tage später ging sie auf kürzestem Weg zu Inge: »Es ist vorbei, das Schlimmste«, sagte sie. Dann erzählte sie von ihrem Traum.

»Das merkwürdigste war, dass alles der Wahrheit entsprach, absolut. Als wenn uns jemand gefilmt hätte.«

Inge fand es auch merkwürdig, Träume seien ja normalerweise wirr und verschwommen, meinte sie. Und man wertet sie als eine Botschaft.

»Es war eine Art Trost«, lächelte Mira. »Ich habe es ja wirklich getan, ich habe Gold über die Grenze geschmuggelt.«

Inge schwieg lange und wiederholte Miras Worte dann: »Ich habe Gold über die Grenze geschmuggelt.«

»Wie meinst du das?«

»Hast du es vielleicht getan, als du hierher nach Schweden kamst, hast Gold am Busen geschmuggelt.«

»Jetzt mach mal 'nen Punkt«, sagte Mira. Inge merkte, dass die Wortwahl sich langsam normalisierte.

»Ich kann mir nicht vorstellen, dass dein Gott dir Träume schickt, ohne etwas damit bezwecken zu wollen«, sagte sie.

»Jetzt sehen wir mal in deinem Garten nach, was dort zu tun ist«, schlug Mira schließlich vor.

Also gingen sie hinaus.

Sollten sie Kalk streuen, nein, noch zu früh, erst, wenn sie das welke Laub weggeräumt hätten.

»In diesem verdammten Land weiß man nie, wann es wofür an der Zeit ist«, sagte Mira.

Die Sonne schien hell, und die Luft schien gläsern, wie so oft im September.

39

Es kam noch eine Ansichtskarte: aus Colombo auf Sri Lanka.

»Es geht mir gut. Grüße Jan.«

Inge steckte die Karte in die Tasche.

Sie würde sie nie vorzeigen, würde nie Kontakt mit der englischen Polizei aufnehmen. Nicht noch einmal.

Sie empfand Freude, fast Glück. Er hatte es geschafft, hatte überlebt. Sie war einmal mit in Colombo gewesen, konnte die engen Gassen vor sich sehen, zwei Jungen, die einen dritten trugen, einen kleinen Jungen ohne Beine. Polizisten, die mit Gummiknüppeln auf bettelnde Kinder einschlugen, die schönen Menschen – Singhalesen – stolz und arrogant. Auf dieser Reise hatte sie eine erschreckende Seite an sich entdeckt. Sie schaute immer weg, hatte nie Mitleid, hatte ihre Besitztümer vor den Kindern, die wie die Raben stahlen, gierig bewacht. Und während der Busfahrten über die traumhaft schöne Insel hatte sie nur einen Gedanken im Kopf gehabt: Hoffentlich gibt es im nächsten Hotel eine Klimaanlage.

Was tat Jan jetzt dort?

Nicht einmal ihre Töchter sollten es erfahren, dachte sie, als sie die Ansichtskarte in ihr Tagebuch schob.

Aber am Abend rief Ingrid an und sagte, stell dir vor, Marylin hat eine Ansichtskarte von Jan bekommen. Aus Ceylon. Sie hat sie der Polizei übergeben, die jetzt die Suche aufnimmt.

Inge musste an sich halten, um nach einer Weile ruhig antworten zu können: »Ist ja schrecklich, welche Mühe die englischen

Ordnungshüter sich machen, um einen Verschollenen aufzuspüren. Aber wahrscheinlich geht es hier um Geld.«

»Um viel mehr, Mama. Wir haben es dir vielleicht nicht gesagt, aber er ist in seiner Abwesenheit wegen Unzucht verurteilt worden. Vergewaltigung seiner Sekretärin, einer jungen Frau, die extrem abhängig von ihm war.«

»Du lieber Gott!«, sagte Inge, und ihre Stimme schwankte, als sie weitersprach: »Ihr müsst herkommen und mir die ganze Wahrheit sagen.«

»Sie ist sehr unangenehm.«

»Ich werde sie ertragen«, sagte Inge und dachte dabei an Mira.

Als sie samstags gemeinsam am Tisch saßen, sagte Inge: »Ich habe es immer wieder bereut, dass ich seine erste Karte nach England geschickt habe. Und dann habe ich darüber nachgedacht, warum ihr mich dazu überredet habt. Niemand kann eine nahe Verwandte zwingen …«

»Wir wissen es«, sagte Britta. »Aber das verliert wohl seine Gültigkeit, wenn der nahe Verwandte einen gezwungen hat …«

Inge begriff nur langsam. Dann schrie sie: »Nein!«

Sie war so blass, dass alle Angst bekamen.

»Mama, hör zu. Wir hatten schreckliche Angst, aber er hat uns nichts tun können. Dank Marylin. Sie hat uns nicht eine Minute aus den Augen gelassen, sie schlief Nacht für Nacht in unserem Zimmer. Und dann hat sie uns mit dem Auto zum Flughafen gebracht, und dort hat sie auf uns aufgepasst, bis wir in der Maschine nach Stockholm saßen.«

Inge erinnerte sich an das Telegramm, an die Angst, dass etwas passiert sein könnte.

Aber als die Kinder kamen, waren sie wie immer, und sie selbst verlangte nie eine Erklärung.

»Jetzt verstehst du vielleicht, warum es uns so wichtig ist, dass man ihn erwischt. Er ist gefährlich, Mama.«

»Und wir verabscheuen ihn«, sagte Britta.

Das Schweigen war lang wie eine Winternacht und ebenso eisig.

»Ich dachte, ich kenne euch«, sagte Inge so verängstigt, dass ihr die Stimme versagte. »Dass wir keine Geheimnisse voreinander …«

»Du bist nicht so stark, wie du glaubst, Mama. Und außerdem bist du unerträglich lieb, geradezu beklemmend. Und unendlich empfindlich. Kapierst du? Wie hätten wir dir etwas sagen können, ohne dich am Boden zu zerstören?«

»Und dann deine verdammte Ehrlichkeit«, sagte Britta. »Du überfährst einen so knallhart damit, dass die wahre Ehrlichkeit dabei auf der Strecke bleibt.«

»Schon verstanden. Ich fange langsam an zu lernen.«

Inge stand vom Tisch auf, erstaunt, wie sehr ihre Beine zitterten. Sie holte Jans Ansichtskarte, übergab sie Britta mit den Worten: »Würdest du wohl dafür sorgen, dass sie der Londoner Polizei zugestellt wird.«

Im Wesentlichen saßen sie den ganzen Abend schweigend beisammen. Inge ging früh zu Bett, überzeugt, dass sie nicht würde schlafen können. Es gab zu vieles zu überlegen, einzusehen, durchzudenken. Und so schweiften ihre Gedanken zu Matilde ab.

Ein bedauernswerter Mensch.

Und schon war sie eingeschlafen.

40

Das Einzige, was ich im Leben habe, ist Geld«, sagte Nano. Er wollte für die Fahrt nach Orsa einen Wagen mieten. »Warum sollen wir uns mit deinem alten Mercedes abquälen?«

»Okay«, sagte José.

Nano mietete einen Volvo.

»Den bin ich von Santiago her gewöhnt«, sagte er lachend.

»Du kannst das«, sagte der Engländer.

»Nur mit dem Kopf.«

»Of course, es fängt im Kopf an und erfasst dann den ganzen Körper. You will see.«

Nano rannte mit dem schweren Fluggerät auf dem Rücken bergan. Alles um ihn her war schwarz, er lief durch einen Tunnel der Angst und sah nicht, dass die Sonne links und rechts des Weges hangaufwärts lila im Heidekraut brannte.

Nur nichts zeigen, nur nichts zeigen, dachte er, aber seine Hände waren fahrig, als er den Gurt spannte und sah, wie das sechs Meter breite deltaförmige Segel sich von der Mitte des Aluminiumdreiecks her entfaltete.

Jetzt ging es ein Stück bergab, der Engländer rannte mit der Leine neben ihm her.

Dann sah er ein Auto, klein wie ein Käfer, tief unten im Tal. Und schon folgte der Ruck und das Kommando: Absprung.

Sein Herz tanzte einen wilden Tango, als er am Hang entlang in den Tod fiel. Er dachte an seine Mutter. Dann bekam er Aufwind, und die blaue Luft trug. Sie trug, er stieg! Erstaunt blickte er auf die Wälder nieder, die wie Moos aussahen. Und auf einige rote Puppenhäuser. Und dann weit entfernt zur Rechten das Flugfeld, wo er irgendwann das Fallschirmspringen üben sollte.

Doch jetzt, in wenigen Minuten, würde er wieder auf der Erde sein.

In diesem Augenblick fühlte er zu seiner unglaublichen Verwunderung, dass er das nicht wollte. Er wollte seinen Vogelflug in alle Unendlichkeit fortsetzen.

Aber er befolgte die Instruktionen, balancierte sich über sein Körpergewicht vor, glitt elegant nach unten und ließ sich in den Gurten hängen, um das Fluggerät lenken zu können.

Hatte Boden unter den Füßen. Es war vorüber.

Zu José sagte der Engländer auf Schwedisch, der Junge sei in Ordnung, er würde es schnell lernen. Dann sprach er mit Nano englisch, sagte ihm, er habe beim Absprung Schwierigkeiten mit der Beschleunigung gehabt und auch gewisse Schwierigkeiten mit der Thermik. Am nächsten Morgen wollten sie sein Gefühl für die Winde üben.

Als Nano mit José allein war, weinte er, unhörbar, es flossen nur Tränen. Und seltsam, er schämte sich nicht.

José sagte nur, jetzt gehen wir was essen.

In Orsa bereiteten sie sich ihr Essen in der Baracke selbst zu. Nano war unwahrscheinlich hungrig.

Nach dem Abwaschen sagte José, jetzt pauke mal schön weiter. Nano legte sich aufs Bett und suchte sich das Kapitel über Aufwinde heraus. Im nächsten Moment war er eingeschlafen. Er träumte von seinem Paragleiter und sah zu seiner Überraschung, dass dieser gelb war wie die Sonne und wie die Gefahr.

Während der Überlandfahrt hatten sie genügend Zeit für Gespräche gehabt, es war ein weiter Weg gewesen, und Dalarna zeigte sich ihnen in der Zeit des ersten Herbstgoldes von seiner schönsten Seite. Nano äußerte sich nicht über die Landschaft, es wäre nach seinem Wutausbruch über das barbarische Schweden falsch aufgefasst worden. Er hätte sich entschuldigen müssen, und José schien am Aufwärmen von Vergangenem nicht interessiert zu sein.

Er erkundigte sich nicht einmal nach der Verwandtschaft von Pedro Gonzales.

José hatte ihm eine Liste mit Fachliteratur über Gleitflug geschickt, und Nano hatte alles, was er brauchte, in London aufgetrieben. Jetzt, im Auto, musste er sich einer Prüfung unterziehen.

José war beeindruckt: »O Dios, was du alles kannst! Ich selbst habe solche Schwierigkeiten gehabt, vor allem mit dieser ganzen Meteorologie.«

»Ich habe mir irgendwann Lerntechniken angeeignet. Und jetzt war mir diese Mühe zum ersten Mal von Nutzen.«

Wälder glitten vorüber, hier und dort blinkte ein See auf, kamen hohe Berge, tiefe Täler ins Bild. Und irgendwann flimmerte ihnen fast sommerlich blau der Siljansee entgegen. Sie passierten die Ortschaften am Ufer, Leksand, Rättvik, Mora und erreichten schließlich Orsa, wo sie in einer Baracke unterkommen würden.

»Was hast du für Schuhe dabei?«, fragte José, als sie auspackten.

»Erstklassige Turnschuhe.«

Nano zeigte sie her, José schüttelte den Kopf.

»Wir müssen in Orsa feste Schnürstiefel mit hohem Schaft für dich kaufen. Sonst könntest du dir beim Landen die Füße verstauchen.«

Jetzt überkam Nano die Angst. Sie ging vom Magen aus.

»Diese Instruktoren«, sagte er zögernd. »Die sprechen wohl nur schwedisch?«

»Darum habe ich diesen Ort hier ausgesucht. In Orsa gibt es nämlich einen Fluglehrer, der Engländer ist. Ich habe schon mit ihm gesprochen. Er wird sich um dich kümmern.«

Um drei Uhr war wieder Unterricht, und diesmal war Nano nicht allein. Ein paar Computerfreaks waren dabei und einige Studenten, die dermaßen angaben, dass jedes Kind ihre Angst herausspüren konnte. Und dann noch ein Fotograf, der die Anden im Gleitflug überqueren wollte, um den Flug der Kondore von oben zu filmen.

»Bist du schon in den Anden gewesen?«, wollte er wissen.

»Ja, vor etwa einem Monat.«

»Was hältst du von meiner Idee?«

»Du spinnst«, sagte Nano.

Am nächsten Tag flog er wieder, und auch am übernächsten und am überübernächsten. Die Angst meldete sich bei jedem Absprung mit kaltem Schweiß und Herzklopfen. Aber nach einer Weile verließ ihn die Furcht, und er empfand unendliche Freiheit. Und dann und wann, wie ein Aufleuchten, tiefen Frieden. Eins mit dem Himmel, dachte er.

Und wenn er gelandet war: Das ist es, was die Leute Gott nennen.

Eines Abends nahm er sich den Mut, mit José über seine eigentümlichen Gefühle zu sprechen. José war keineswegs erstaunt, sagte vielmehr, es sei bekannt, dass Gleitflieger in einen Trancezustand verfallen konnten. Deshalb durften sie hier an der Schule nie länger als eine halbe Stunde fliegen.

Die Nächte waren schon kalt, die jungen Männer krochen, bevor sie sich auf die Feldbetten legten, in ihre Schlafsäcke.

Schon fast eingeschlafen sagte José: »Ich bin ja kein Psychologe, aber ich glaube, diese phantastischen Erlebnisse haben mit dem Sieg über die eigene Angst zu tun.«

Am Samstag sprang Nano mit dem Fallschirm aus einem Flugzeug ab.

Es fiel ihm leichter als der Absprung vom Hang.

Zum Abschluss bekam er ein Zertifikat.

Die Woche im Lager war schnell vergangen, die Gruppe schied in Wehmut. Sie trösteten einander damit, dass sie im nächsten September bei klarer Luft und tragenden Aufwinden wieder hier zusammentreffen würden.

Aber ... nun, das Leben war nun einmal so, wie es war.

Der Fotograf zum Beispiel sagte, bezüglich der Kondore hast du wohl Recht gehabt.

»Wie ist es Nano dabei gegangen?«, fragte Inge José, als sie sich nach dem Aufenthalt in Orsa bei Mira trafen.

»Es ist gut gegangen.«

»Will er Kontakt zu Britta aufnehmen?«

»Das weiß ich nicht.«

»Und wie geht es Matilde?«

»Nano und ich haben nicht über persönliche Dinge gesprochen.«

41

Mira und Inge trafen sich nicht mehr so oft wie früher. Jede saß traurig bei sich zu Hause, die eine trauerte wegen ihrer vergewaltigten Kinder, die andere um ihr Leben, dem von jenem Mann Gewalt angetan worden war, den sie liebte.

Die Einsamkeit zwängte sie ein wie ein altes Kleidungsstück, das, gut instand gehalten, durch viel zu häufiges Waschen eingegangen war.

Inges Zwangsjacke bestand wie bisher aus Schuldgefühlen: Wie war es möglich gewesen, dass sie nichts bemerkt hatte? Sie kannte solche Vorkommnisse doch aus ihren vielen Jahren an der Schule ... die scheuen Kinder, verschlossen wegen der schlimmen und schändlichen Erlebnisse, für die es nur selten Worte gab.

Und all die Artikel und Diskussionen über Inzest.

Wie konnte man nur glauben, dass das Unbegreifliche nur anderen Leuten passiert?

Sie versuchte sich einzureden, dass weder Britta noch Ingrid irgendwelche Symptome gezeigt hatten, sie konnte sich nicht erinnern, dass die Vertrautheit zwischen ihnen Schaden genommen hatte.

Nicht erinnern, nichts bemerken.

Plötzlich dann doch eine Erinnerung: Marylin hatte angerufen und gesagt, sie könnten die beiden Mädchen zu Weihnachten nicht wie ausgemacht bei sich aufnehmen. Die Stimme war höflich gewesen wie immer, die Worte hielten Distanz, und Inge hatte keine Fragen gestellt. Hatte nur gesagt: »Wie schade, sie werden enttäuscht sein.«

»Das glaube ich nicht.«

Eine Lücke im Gespräch, ein Schlupfloch, aber Inge hatte es nicht erkennen wollen. Sie freute sich, ihre Kinder über Weihnachten bei sich zu haben.

Und außerdem hatte sie ihre Schwierigkeiten mit der englischen Frau. Sie hatten sich nur einmal in aller Eile auf einem Flugplatz getroffen. Und Inge hatte sie verabscheut, vor allem weil sie so gut aussah, aber auch, weil die Kinder sich ihr in die Arme geworfen hatten.

So war ich, und so bin ich. Bei meiner fieberhaften Suche im Spiegel habe ich das alles nie sehen wollen.

An den Abenden machte sie es wie Mira, genehmigte sich einen großen Whisky, trank, bis die Gedanken so verschwommen waren, dass sie sich befreit fühlte. Im Morgengrauen wurde sie, von Fragen verfolgt, wach: Wie weit war er gegangen, wie nah war er ihnen gekommen? Die Engländerin hatte über die Kinder gewacht, aber was konnte diese zart gebaute Frau gegen einen kräftigen Mann ausrichten?

Plötzlich erinnerte sie sich an den Satz am Telefon aus London: »Er ist betrunken, Mama.«

Inge saß im Bett und dachte sich Szenen aus: Die kleine Frau flößte ihm einen Drink nach dem anderen ein, bis sie ihn ins Bett befördern konnte. Und legte sich selbst im Zimmer der Mädchen schlafen.

Und was war mit ihren Söhnen?

Inge erinnerte sich, wie sie darüber gestaunt hatte, dass Marilyn ihre Kinder so oft bei den Großeltern auf dem Land unterbrachte.

Mein Gott, was hatte diese Frau für ein Leben hinter sich!

Ich werde ihr einen langen Brief schreiben.

Später an diesem Tag machte Inge einen Versuch, fand aber keine Worte.

Sie probierte es mit einem langen Spaziergang, um sich zu verausgaben, verzichtete auf den Whisky und konnte trotzdem einschlafen. Aber das Morgengrauen war pünktlich, um vier Uhr morgens saß sie wieder aufrecht im Bett. Die Angst kroch ihr in den Magen, sie hätte sich am liebsten übergeben, aber es gelang nicht.

Dann rief sie im Zimmer ihrer Töchter an und sagte dem Anrufbeantworter, es gehe ihr schlecht und es solle jemand zu ihr kommen.

Sie kamen alle beide noch am selben Abend, sagten erschrocken: »Mama, du bist in dieser Woche richtig dünn geworden. Und bist blass wie ein Gespenst, und was ist mit deinen Augen los?«

»Sie haben wohl endlich deutlich gesehen.«

Ein langes Schweigen folgte, es war ein kalter Abend, und Inge sah unten auf den Gemeindewiesen das Laub fallen. Wie immer das von der hohen Esche zuerst.

»Ich muss wissen, was passiert ist!«

»Wir haben nicht allzu viel kapiert. Er fing an, uns zu begrapschen, griff uns an die Brust und an den Unterleib und so. Es war widerlich. Eines Abends kam er ... seinen Schwanz fest in der Hand, zu uns ins Zimmer, wir sind wahnsinnig erschrocken und haben geschrien. Marilyn kam angerannt, tat, als merke sie nichts, und sagte in aller Ruhe: »Komm jetzt runter, du kriegst deinen Drink.«

Wir blieben mäuschenstill liegen, hatten Riesenangst. Dann hörten wir ihn wieder die Treppe heraufkommen und dann Marilyn, die sagte, du schläfst heute auf dem Sofa im Wohnzimmer. Dann kam sie zu uns rauf und sagte, wir sollten beide zusammen in Brittas Bett schlafen. Sie würde sich in mein Bett legen.

Wahrscheinlich kriegten wir erst da richtige Angst.

Am nächsten Morgen stieg er in sein Auto, und wir aßen unser Frühstück wie immer.

Marilyn sagte, es tue ihr sehr Leid, aber wir müssten heim nach Schweden fahren. Es dauerte ein paar Tage, bis sie Tickets bekam, er war nicht viel zu Hause, aber du liebe Zeit, was standen wir für Ängste aus. Marilyn ließ uns nicht einen Moment aus den Augen, und wir begriffen, dass Gefahr drohte.

Zwei Tage später brachte sie uns nach Heathrow, und auf dem Heimflug vergaßen wir alles. So gut es eben ging.

Verstehst du, Mama?«

»Nein.«

»Wir haben einfach nicht begriffen, was los ist. Nur, dass es etwas Widerliches war, etwas, wofür man sich schämen musste. Aber es war doch nichts passiert. Erst als davon gesprochen wurde, dass wir Weihnachten in England feiern würden, kam die Angst. Gott, wie erleichtert waren wir, als Marilyn eine andere Abmachung mit dir traf.

Als die Sommerferien näher rückten, haben wir zu dir gesagt, dass wir nie wieder nach England zu Papa fahren wollten. Wir dachten, du würdest protestieren und einwenden, dass es ein Abkommen gebe, das eingehalten werden müsse.

Für uns war es irgendwie verrückt, du hast ein so fröhliches Gesicht gemacht, du hast richtig gestrahlt. Und es kam dieser wunderbare Sommer im alten Häuschen, weißt du noch? Es hat viel geregnet, und wir haben immerzu Karten gespielt.

Und wir haben aus den Tarotkarten die Zukunft vorausgesagt. Erinnerst du dich?«

O ja, sie erinnerte sich. Das Buch, das sie in Linköping gekauft hatte, die schönen Karten, die sie nach allen Regeln der Kunst legte. Und dann ein grausamer König auf einem schwarzen Pferd, und wie sie alle erschrocken waren, weil er an einer exponierten Stelle aufgetaucht war.

Ingrid hatte es grausig gefunden, und Inge hatte gesagt, wir schummeln einfach, das alles ist ja eine richtige Wissenschaft, und die kann man nicht so mir nichts, dir nichts aus einem Taschenbuch lernen. Der Regen hatte aufs Dach getrommelt und gegen die Fensterscheiben gepeitscht. Es hatte nach Holzfeuer, nach heißem Fruchtsaft und nasser Erde gerochen.

Alle drei gaben sich eine ganze Weile alten Erinnerungen hin, bis Britta das Gespräch wieder aufnahm: »Als wir endlich begriffen, worum es ging, du erinnerst dich vielleicht an das Gespräch über Inzest, fanden wir alles so schlimm, dass wir einfach nicht in der Lage waren, es dir zu erzählen. Es war ja nicht wirklich etwas passiert, versteh das doch.

Und wir wussten ja auch, wie sehr du an Jan hängst. Und wie idiotisch solidarisch du immer mit ihm gewesen warst. Zeitweise haben wir dich deswegen gehasst.«

Ingrid fiel ihr ins Wort: »Manches ist vielleicht einzusehen. Man kann Marilyn ja nicht gerade als sinnlich bezeichnen, sie ist eher ein frigider Typ. Denkbar ist, dass er auch in seinem Beruf unglücklich war. Du kennst ja das Verhalten der Engländer gegenüber Ausländern. Und dazu dann noch diese Frau, die von Sex nichts hielt, zumindest nicht aus eigenem Antrieb.

Du hast selbst einmal gesagt, dass euch als einziges die Lust verbunden hat. Und dann nimmt er sich eine andere Frau und kriegt ein prüde erzogenes englisches Mädchen, das nicht mitspielen will. Ich glaube, das war der Grund, warum er zu trinken anfing. Dass er ihr Geld geklaut hat, war wohl so eine Art Rache für ihre Kälte.«

»Das alles haben wir erst begriffen, als wir als Erwachsene nach London zurückkamen. Wir haben die beiden nur besucht, weil wir Marilyn mochten, sie war so etwas wie eine große Schwester für uns. Aber vor allem tat sie uns unglaublich Leid«, sagte Britta.

Inge hatte jetzt rote Flecke auf den Wangen, doch ihre Stimme war eiskalt, als sie sagte: »Es gibt immer tausend Erklärungen für das Böse. Aber nicht eine davon entschuldigt die Tat.«

Ihre Töchter warfen sich einen Blick zu und lächelten dann: »Wann, Mutter, bist du denn darauf gekommen?«

Inge verzog nachdenklich den Mund.

»Das habe ich von Mira gelernt.«

Sie gaben sich alle Mühe, aus diesem Abend noch einen ganz normalen Abend zu machen. Aber es wollte nicht gelingen. Inge war müde und ging früh schlafen.

42

Die Sonne schien, Mira war wieder zuversichtlicher, und sie sagte laut zu Otilia: »Lass mich jetzt für eine Weile allein, mein Kind. Ich muss unter Menschen gehen, sonst werde ich noch verrückt.«

Dann tat sie, was sie schon öfter getan hatte, setzte einen Hefeteig an, packte ihn in einen Plastikbeutel und machte sich auf den Weg zu Inge.

»Es ist ja geradezu verrückt, dass wir uns eine ganze Woche nicht gesehen haben.«

Kein Laut war zu hören, das Haus schlief noch.

Mira schlich sich durch den Hintereingang in die Küche, legte den Teig auf die Arbeitsplatte, denn er musste noch in der Wärme gehen. Dann nahm sie sich die Freiheit, für sich eine Tasse Kaffee zu kochen.

Mit der Tasse in der Hand ging sie in den Garten und setzte sich in die Sonne. Aber es war kühler, als sie vermutet hatte, sie brauchte Wärme. Und dann rutschte ihr die Tasse über dem Spülbecken klirrend aus der Hand.

Jetzt habe ich alle aufgeweckt.

Kaum hatte sie es gedacht, hörte sie nackte Füße auf der Treppe, leicht, sachte. Der Engel, dachte sie.

Dieses Mal war es aber nicht der Engel, es war die andere, die Lange, Herbe. Aber sie machte es wie der Engel, ging auf Mira zu und umarmte sie.

»Wie gut, dass du gekommen bist«, sagte Britta. »Du musst wissen, Mama ist durch und durch verzweifelt.«

Mira hielt das junge Mädchen mit gestreckten Armen ein wenig auf Abstand und sagte betroffen: »Warum ist Inge traurig?«

Britta meinte, das müsse ihre Mutter Mira selbst erzählen. Zögerte, fuhr fort: »Aber das tut sie vielleicht nicht.«

»Warum das?«

»Möglicherweise schämt sie sich. Jetzt backen wir die Hefeteilchen, kochen Kaffee und wecken die anderen auf.«

Sie deckten den Tisch für ein großes Sonntagsfrühstück. Britta machte im Kamin Feuer, Ingrid kam die Treppe heruntergelaufen, umarmte Mira und sagte:

»Was führt ihr zwei nur für ein Leben.«

Und dann sprach sie wie ihre Schwester: »O Mira, wie gut, dass du gekommen bist.«

Als Inge in ihrem alten Morgenrock auftauchte, erschrak Mira: »Wie siehst du denn aus! Was hast du nur mit dir angestellt?«

»Das ist eine sehr lange und merkwürdige Geschichte. Das Endergebnis ist, dass ich alles Selbstvertrauen verloren habe.«

Es entstand eine lange Pause, bis sie sagte: »Ich weiß nicht, ob das Erzählen nicht meine Kräfte übersteigt.«

Britta und Ingrid warfen sich einen Blick zu, aber Mira wurde fuchsteufelswild: »Seit Monaten hörst du dir mein ganzes Elend an. Und jetzt, zum Henker, bist du dran ...«

Inge begann abgehackt und unsicher zu sprechen. Die Pausen waren manchmal so lang, dass Mira aufstöhnte, und Inge sich an ihre Töchter wandte: »Erzählt ihr weiter.«

»Nun ja, es kam also noch eine Ansichtskarte von Jan. Und als wir Mama rieten, sie an die Polizei in London zu schicken, wurde sie böse und fing an zu fragen, warum wir ihn ausliefern wollten.«

»Also blieb uns nichts anderes übrig, als Farbe zu bekennen ...«

Nun kam alles heraus, angefangen bei der Vergewaltigung der

Büroangestellten in London und dem Herumgrapschen an ihnen beiden, als sie noch kleine Kinder waren. Wie seine englische Frau sie gerettet hatte und dass ihre eigene Mutter nie etwas geahnt hatte.

»Obwohl vieles darauf hingedeutet hat«, warf Inge ein.

»Ihr habt nie etwas gesagt?«

»Nein, wir haben uns so schrecklich geschämt. Und außerdem wollten wir Mama nicht traurig machen. Aber wir haben uns schließlich geweigert, im Sommer nach England zu fahren.«

»Wir hatten eine Mordsangst vor ihm.«

»Ich hätte das doch kapieren müssen«, sagte Inge.

»Zu Inges vielen Grundsätzen gehört auch, dass man die Geheimnisse anderer Menschen zu respektieren hat«, sagte Ingrid.

»Das ist mir wirklich noch nie aufgefallen«, meinte Mira.

Inge ging frischen Kaffee kochen.

Am Tisch herrschte Schweigen.

Schließlich ergriff Inge das Wort: »Ich war absolut sicher, dass wir drei keine Geheimnisse voreinander haben.«

»Dumm«, sagte Mira. »Jeder Mensch hat Geheimnisse, Dinge, die niemand anderer wissen darf. Wir erleben das am deutlichsten bei den Kindern, den eigenen Kindern, meine ich. Die eigenen Gören wird man nie verstehen lernen.«

Britta und Ingrid wagten zu lachen.

Aber Inge fragte ernst: »Und warum kann man das nicht?«

»Nun, wahrscheinlich will man es gar nicht. Mütter bleiben an den Trostbildern hängen, die sie sich von ihren Kindern gemacht haben. Der fröhliche Nesto, der kluge José, der Engel Ingrid und die superkluge Britta. Daran darf nicht gerüttelt werden, sonst nehmen die Ängste überhand.«

Brittas Zähne blitzten, als sie sich einmischte.

»Vergesst die Kehrseite nicht. Wenn Kinder größer werden,

verteidigen sie ihre Geheimnisse mit Händen und Füßen. Sonst würden die Mütter sie völlig vereinnahmen. Ich kenne nichts Schlimmeres als Jugendliche, die immer ein Herz und eine Seele mit ihrer Mama sind. Die werden nie im Leben selbständig.«

»Ich weiß«, sagte Inge. »Theoretisch.«

»Dir wird auch bekannt sein, dass es absolute Vertraulichkeit nur in kurzen Augenblicken gibt. Momente so wunderbar wie eine Begegnung in der Ewigkeit«, sagte Ingrid.

Mira dachte an die Begegnung mit Ingrid in der Küche. Inge dachte an die Begegnung mit Mira in der alten Gärtnerei.

»Ja, ich weiß.«

»Du weißt so viel«, sagte Mira. »Das ist wohl der Grund dafür, dass du so wenig verstehst.«

»Ja, ich gerate ganz aus dem Gleichgewicht, wenn ich nach Erklärungen suche.«

»Aber es gibt doch gar keine. Das Leben ist grausam, und keiner wird jemals wissen, wann es das nächste Mal zuschlägt.«

»Mein naturwissenschaftliches Ich protestiert«, sagte Britta. »Es gibt immerhin so etwas wie Ursache und Wirkung.«

»Ist schon gut, Britta«, lachte Mira. »Gehe du nur ja nicht davon ab. Es ist eine Frage des Alters.«

»Jetzt redest du wie Mama! Ältere Frauen, die sich herablassen, weise Ratschläge zu erteilen, sind abscheulich.«

»Verzeih.«

Sie kicherten, räumten den Tisch ab, und die Mädchen machten sich zur Abfahrt bereit.

»Hast du Nano getroffen, als er hier war, um mit José fliegen zu lernen?«, fragte Mira in der Diele.

»Ja, wir haben in einer Altstadtkneipe zusammen Mittag gegessen.«

»Und wie war's?«

»Leider war alles unverändert. Wir … stehen einander nahe wie eh und je.«

»Aber Britta, warum hast du mir nichts davon erzählt?«, fragte Inge.

»Du hast nicht gefragt, liebe Mutter.«

Inge brachte sie die fünf Kilometer zu der guten alten Bahnlinie, die auch eine Haltestelle an der Universität hatte.

»Wie fühlst du dich, Mama?«

»Besser, glaube ich. Möchtest du mir vielleicht von Nano erzählen?«

»Nun, es war genau so, wie ich gesagt habe. Alle diese Monate, die ich genutzt habe, um Abstand zu gewinnen, waren in wenigen Sekunden wie verflogen.«

»Und war er verändert?«

»Ja, er hat abgenommen und wirkte sicherer, geradezu energisch. Das hat mir nicht gefallen.«

Sie waren am Bahnhof angekommen, sagten tschüss, auf bald.

Inge blieb auf dem Parkplatz lange im Wagen sitzen und dachte über das nach, was Britta über Nanos Selbstsicherheit gesagt hatte. Und über das fast Unwahrscheinliche: »Das hat mir nicht gefallen.«

Hatte ihre Tochter Angst vor starken Männern?

»Hilf mir, lieber Gott«, sagte sie laut.

Und Ingrid, das Engelskind? War ihre Bravheit eher Abwehr, eine Möglichkeit, andere zu entwaffnen?

Nein, ich darf nicht … nicht unterstellen … Ingrid war schon von Geburt an lieb und brav. Und Britta hat sich schon in der Wiege immer durchgesetzt.

Als sie den Wagen aber startete und zurücksetzte, fror sie vor Angst.

Bei der Heimfahrt stürmte es. In der offenen Landschaft kamen noch vor der Kirche von Angarn so heftige Windböen auf, dass Inge das Lenkrad fest umklammern musste.

Mira war geblieben und hatte im Kamin Feuer gemacht.

»Ich habe mir die ganze Zeit den Kopf über dich zerbrochen«, sagte sie.

»Wieso das?«

»Es ist ja nicht nur das Bild der guten Mutter angekratzt, als du die Wahrheit über den Kerl erfahren hast, den du all die Jahre geliebt hast.«

»Das ist wahr, der Gedanke ist mir auch schon gekommen. Aber ich habe ihn noch nicht zu Ende gedacht.«

Der Wind drückte jetzt in heftigen Stößen gegen Türen und Fenster. Er heulte um den Dachfirst, legte sich plötzlich und hinterließ beängstigende Stille, bevor er mit neuer Kraft lostobte.

Riesige Blätterwolken wirbelten von den großen Bäumen unten auf den Gemeindewiesen durch die Luft, schwere Äste wurden abgerissen und in Inges Garten geschleudert, wo sie die Beete verwüsteten.

»Herrgott!«, sagten beide Frauen gleichzeitig, aber nur eine von ihnen meinte es wirklich. Das Telefon klingelte, es war José, der ihnen sagte, sie dürften das Haus auf keinen Fall verlassen, das Radio hatte orkanartige Stürme an der Ostküste gemeldet.

»Das ist kein gewöhnlicher Herbststurm«, sagte er. Dann wurde die Leitung unterbrochen, und Inge hörte, wie der Telefonmast an der Ecke wie ein Streichholz geknickt wurde und quer über die Straße fiel. Mira versuchte das Radio zum Leben zu erwecken, aber es schwieg beharrlich.

Dann war der Strom weg, das ganze Haus lag im Halbdunkel.

»Du hast einen Spirituskocher, also können wir uns wenigstens etwas Warmes zu essen machen«, sagte Mira.

Sie zündeten Kerzen an, wärmten Wasser, brühten Tee auf. Inge fand, dass er nach Spiritus schmeckte.

Sie besprachen, was mit dem Gefrierschrank zu tun sei, wenn es länger keinen Strom geben sollte.

»Es ist fast wie bei einem Erdbeben«, sagte Mira.

Inge sah, dass sie Angst hatte.

Sie selbst fühlte sich seltsam erregt, fast fröhlich. Blase du nur drauflos, blase weg …

Als aber die hohe Esche im Gemeindewald mit einem Getöse fiel, das Tote hätte aufwecken können, bekam auch sie Angst. Der alte Riese reckte einen Wurzelballen in die Höhe, der groß wie ein Sommerhäuschen war.

Die beiden Frauen beschlossen, sich hinzulegen, und verkrochen sich, mit einer Wolldecke versehen, jede in einer Ecke des Wohnzimmersofas. Von ferne konnten sie trotz des Orkans die Alarmsignale der Feuerwehren und Krankenwagen hören.

»Gott, nun lass es gut sein«, sagte Mira. Aber nicht einmal ER konnte sie durch das gewaltige Getöse hindurch hören.

»Mit mir ist etwas Eigenartiges geschehen«, sagte Mira. »Erinnere dich an meinen Traum von der Reise nach Peru. Seither habe ich fast jede Nacht solche Träume. Träume, die gleichzeitig Erinnerungen sind.«

»Wie merkwürdig«, sagte Inge, richtete sich in ihrer Sofaecke halb auf und zog sich die Decke bis über die Schultern hoch.

»Ja, in manchen Nächten sind es lichte frühe Erinnerungen. Andere sind schwarz wie die Hölle, grauenvoll. Etwa Dinge mit meinem Mann, die ich dir nie erzählen werde. Es kommt vor, dass ich ganz verzweifelt aufwache und schreien will wie die Frauen in Gracielas Haus. Du wirst dich erinnern, was ich erzählt habe.«

»Ja.«

»Manchmal glaube ich, ich werde verrückt. Aber es ist doch wieder ein anderes Gefühl. Es ist mehr wie ein Gefühl von … Gnade. Manchmal bilde ich mir ein, Gott nickt mir zu, tröstet nicht, sondern nickt nur.«

»Findet er es gut?«

»Ja, irgendwie nutzbringend. Er möchte, dass ich alles so sehe, wie es war.«

»Und das geht?«

»Ja, du weißt doch, dass man Träume nicht lenken kann. Nicht verändern oder so.«

Auf dem Couchtisch standen zwei brennende Kerzen, in deren flackerndem Schein Mira Inge betrachtete. Die Furchen in ihrem Gesicht wirkten tiefer, die Augen, die Mira in stummer Verwunderung ansahen, dunkler.

»Mir fällt plötzlich etwas ein, was ich einmal gelesen habe«, sagte Inge schließlich. »Ich kann es nicht wörtlich wiedergeben, aber sinngemäß ging es darum, dass Gott, oder der Teil von dir, der Gott ist, nicht auf Menschenart mit dir ins Gespräch kommen kann. Er muss auf Bilder aus deiner eigenen Erfahrung zurückgreifen.«

Jetzt richtete Mira sich so erregt auf, dass sie gar nicht beachtete, wie kalt ihr war.

»Erkläre!«

»Ich bin mir nicht sicher, aber ich meine, gelesen zu haben, dass Gott, der ja nicht in unserer heutigen Welt als Mensch lebt, auch nicht in unserer Sprache mit uns reden kann. Er gehört nicht der vergänglichen Welt an, die zu schildern wir Sprache haben. Wenn er dich erreichen will, muss er sich der Bilder und Worte deines eigenen Erfahrungsschatzes bedienen. Er hat gleichsam keinen anderen Weg.«

»Jetzt halte mal für ein Weilchen den Mund«, sagte Mira. »Ich muss nachdenken.«

Aber sie kam nicht zum Nachdenken, sie kroch unter die Decke und schlief ein. Inge lag wach, hörte dem Sturm zu und versuchte sich ein Bild von der Länge des Weges zu machen, den sie noch gehen musste, bis sie das, was sie erlebt hatte, in Bilder umsetzen konnte.

Schließlich musste auch sie eingeschlafen sein. Als die beiden Frauen gegen Abend aufwachten, war alles still.

Inge drückte auf den Schalter der Stehlampe, und beide konnten erleichtert lachen. Es gab wieder Strom.

Das Radio funktionierte, es brachte ununterbrochen Katastrophenmeldungen aus dem östlichen Svealand. Umgestürzte Bäume blockierten die Straßen, und die Bevölkerung wurde aufgefordert, in den Häusern zu bleiben.

Mira und Inge beschlossen, dem Wetter zu trotzen, zogen Windjacken und Stiefel an und verließen das Haus durch die Küchentür. Die Zerstörungen waren gigantisch, Inges Garten total verwüstet.

Doch der Sturm war vorüber, es war ruhig, sie konnten die Sterne sehen. Ein neuer Tag mit wolkenlosem Himmel und reiner Luft dämmerte herauf.

43

Mira war in einer geliehenen langen Hose zur Arbeit gegangen. Sie besaß keine eigene, sie verabscheute Frauenpopos in Männerhosen. Aber jetzt war es notwendig, denn sie musste über umgerissene Maste und Bäume klettern.

Das Tagesheim war aus dem einfachen Grund geschlossen, weil es das Dach vom Haus geweht hatte. Eltern und Personal standen stumm vor dem roten Holzbau, die Väter murrten über die schlechte Bauweise, und die Leiterin wollte auf der zuständigen Behörde wegen möglicher Übergangslösungen vorsprechen.

Mira ging nach Hause. Ihre Balkonverglasung war in tausend Stücke zerbrochen. Die afrikanischen Lilien und auch das, was von den Geranien übrig geblieben war, bot zwischen den Glassplittern ein trauriges Bild. Blumentopfscherben bedeckten den Fußboden.

Doch in der Wohnung sah es aus wie immer.

Sie hob den Telefonhörer ab. Der Apparat funktionierte. Also rief sie ihre Söhne an, sagte, es sei nichts passiert. Bei Inge war das Telefon noch tot.

Jetzt begann sie auf ihrem Balkon Ordnung zu machen.

Inge ging durch ihren Garten. In Overall und Stiefeln.

Überall in der Reihenhaussiedlung waren Elektriker am Werk, und auf jedem unbeschädigten Telefonmast saß ein Mann. Neue Maste wurden errichtet, Lastwagen donnerten durch die Straßen, Motorsägen zerrissen die Luft mit ihrem Gekreisch.

Was immer man über Schweden sagen mochte, im Ernstfall funktionierte alles, dachte Inge.

Sie schaute lange auf die öffentlichen Anlagen hinunter und erinnerte sich, wie sehr sie sich gefreut hatte, als sie das letzte Haus in der Reihe bekam, dieses kleine Grundstück in Hanglage, das sanft abfallend in den jetzigen Park überging, der wegen des alten Baumbestandes nicht verbaut werden durfte. Die Eiche stand wie eh und je aufrecht an ihrem Platz, war aber völlig entlaubt. Und die Ahornbäume lebten auf, der Sturm hatte alle dürren Äste weggefegt, und das tat ihnen gut. Auf der felsigen Kuppe, ihrem Berg, der zur Hälfte auf kommunalem Grund lag, war in Spalten und Rissen kein Krümel Erde übrig geblieben. Ohne Heidekraut, Moosbeeren und Gräser sah alles ganz armselig aus. Und wo waren Krokusse, Scilla, Leberblümchen, Buschwindröschen und Primeln geblieben?

Schnurzegal, dachte Inge. Neu wieder anzufangen macht auch Spaß.

Sie hatte noch keine Telefonverbindung, aber immerhin warmes Wasser. Also duschte sie lange und hingebungsvoll. Dann stellte sie sich vor den Spiegel, ohne zu fragen, was sich hinter dem Bild befand.

Es war aus mit dem Fragen. Eine mühsame Erkenntnis und ein wütender Sturm hatten einen Schlusspunkt gesetzt. Sie hatte etwas über Zeitbegriffe gelernt.

Was?

Mira hatte gestern Abend, als sie in ihren Sofaecken lagen und den Sturm toben hörten, etwas ausgesprochen.

Jetzt klingelte es, endlich funktionierte das Telefon. Inge rannte die Treppe hinunter, es war Ingrid.

»Mama, du lebst und bist unverletzt?«

»Ja, mir geht es gut. Ich habe zwar keinen Garten mehr, aber das wird sich mit der Zeit auch wieder ändern.«

»Weißt du, dass vier Menschen ums Leben gekommen sind? Drei davon in einem Segelboot.«

»Die sind selbst schuld«, sagte Inge hartherzig.

»Ja, und dann war da noch eine Frau alleine in ihrem Auto, die wurde von einem umstürzenden Baum erschlagen. Wir sind vor Schreck fast gestorben, aber Britta konnte mit einem Polizisten reden, der wusste, dass die Tote zweiundzwanzig Jahre alt und unterwegs nach Stockholm war.«

»Schrecklich.«

»Ist Mira bei dir geblieben?«

»Ja, sie hat hier geschlafen. Sie hatte schreckliche Angst und redete dauernd von einem Erdbeben. Und es sieht hier tatsächlich wie nach einem Erdbeben aus.«

»Was ist mit dem Treibhaus?«

»Das hat standgehalten. Erinnerst du dich, dass du damals von Luxus gesprochen hast, als ich mich auf Panzerglas versteifte? Jetzt hat es die Bewährungsprobe bestanden, und ich bin dankbar dafür.«

»Du klingst fast begeistert!«

»Ja, ich habe immer einen merkwürdigen Hang zu Katastrophen gehabt. Sie stärken das Lebensgefühl.«

Ingrid lachte, es klingelte an der Haustür.

»Das sind die Männer mit den Motorsägen«, sagte Inge.

»Wir kommen am Nachmittag zu dir raus. Tschüss!«

Vier Mann mit je einer Motorsäge machten sich über die umgestürzte Esche und alle abgebrochenen Äste und ausgerissenen Büsche im Garten her. Inge bewirtete die Männer mit Bier.

Mira rief an, erzählte von ihrem Balkon.

»Das also ist aus unseren afrikanischen Lilien geworden«, sagte sie.

Sie sprach bedauernd über die Todesopfer. Und berichtete auch vom Dach des Tagesheimes.

»Wer hätte gedacht, dass so etwas in Schweden vorkommen kann!«

Inge steckte sich Watte in die Ohren, holte ihr Tagebuch hervor und versuchte sich an das zu erinnern, was Mira gesagt hatte, als sie in ihren Sofaecken im Wohnzimmer lagen.

»Alles verändert sich, wenn man sich selbst von hinten nach vorn betrachtet. Nichts war, wie es war, ich meine, nicht so, wie ich geglaubt habe.«

»Denkst du an etwas Bestimmtes?«

»An Otilia. Aber letzlich konnte ich nicht mehr nur an sie allein denken, denn alles, was damals dort in unserer Küche geschah, erwachte zum Leben. Schließlich ist nicht nur sie allein vergewaltigt worden.«

»Du auch?«

»Ja. Es war grauenhaft, aber du weißt … ich war es ja irgendwie gewohnt. Fast unerträglich war es, als das Kind keinen Laut mehr von sich gab und ich dachte, sie sei tot. Und am aller unerträglichsten waren die Männer, die wie angewurzelt an der Küchenwand standen und ihr Maschinengewehr auf mich richteten. Und mich nicht aus den Augen ließen, mich immerzu anstarrten.

Dir ist hoffentlich klar, dass man solche Erinnerungen auslöschen muss.«

»Ja.«

»Während dieser ganzen Woche habe ich mich gefragt, ob meine Söhne sich daran erinnern … Aber ich werde nie den Mut aufbringen, sie zu fragen.«

Inge erinnerte sich immer deutlicher an Miras Träume.

Sie schrieb, jedes gesprochene Wort, an das sie sich erinnerte, kam an seinen Platz.

Dann unterstrich sie: Nichts war, wie es war.

Es war ein gutes Gefühl, seltsam, aber es war ein gutes Gefühl.

Sie wurde immer wieder vom Telefon unterbrochen, Freunde und Bekannte riefen an, um sich zu erkundigen, wie es ihr ergangen war. Die Nachbarin kam herüber, warf einen Blick auf den Garten, in dem die Motorsägen die große Esche zerstückelten.

»Wo du dich doch immer so darüber gefreut hast, dass du das Grundstück neben dem Park bekommen hast«, sagte sie.

Neidisch?

Egal, dachte Inge.

Zuletzt rief Nesto an und sagte, sie würden am Wochenende kommen und beim Aufräumen helfen.

Mira bereitete sich auf die Wochenendhelfer vor, als gelte es ein Fest zu planen. Sie kam am Freitag, um den Gefrierschrank zu inspizieren, und fand ihre Ahnung bestätigt, dass Inges großer Fischvorrat unter dem Stromausfall gelitten hatte.

Sie taute den Fisch auf und schickte Inge ein Kilo Krabben und ebenso viele Meereskrebse, zwei Dosen Muscheln in Knoblauchöl, etwas Safran und Unmengen Dill einzukaufen.

»Ich koche eine Fischsuppe, die ihr nie vergessen werdet«, sagte sie.

Inge sprach mit Nesto, der eine Bodenfräse mieten wollte. Von einem Nachbarn lieh sie sich zwei große Ölfässer, rief bei der Behörde an und teilte mit, dass sie Unrat verbrennen müsse. In der momentanen Situation konnte man ihr das kaum verbieten.

Dann holte sie ihre Töchter in der Stadt ab.

Britta ließ einen ganzen Schwall von Flüchen vom Stapel, als sie den Garten sah, Ingrid weinte. Nesto kam schon am Freitagabend und sagte, hier müsse Erde her, ein ganzer Lastwagen voll.

»Ich hoffe, du bist versichert.«

»Schon, aber ich weiß nicht recht, einen solchen Vorfall nennt man ja höhere Gewalt.«

Sie legten sich am Abend früh schlafen, alle wollten morgen bei Kräften sein.

Inge vergoß nicht eine Träne. Nicht einmal, als die Erdfräse die Beete einebnete und die alten Wurzeln von Pfingstrosen und Phlox, Klematis und Rosen zerhackte. Die Überreste der Rosenlaube wurden ausgerissen, und Inge sah mit Vergnügen zu. Die dornige Laube war von Anfang an ein Missgriff gewesen.

Der Felsen war mit Besen und Wasser gereinigt, als der Lkw kam, um selbst die kleinste Ritze mit Erde zu füllen. Mira kochte Schalentiere und hackte ganze Berge von Dill. Aus der Küche strömten wunderbare Düfte. Die Sonne schien und nahm dem kalten Wind die Schärfe.

Der Oktobertag war von einem entschlossenen ›was soll's‹ getragen.

Sie deckten den Tisch an windgeschützter und sonniger Stelle im Freien. Eine ganze Kiste Leichtbier wurde leergetrunken, die Suppe war himmlisch und bekam zusätzliche Würze vom Rauch des Laubes, das in den großen Fässern verbrannt wurde.

44

Das Herbstfest oder Rodungsgelage, wie es im Familienjargon hieß, wurde auf beiden Seiten zur Tradition. Jährlich trafen sich alle an einem Oktoberwochenende, stachen die Beete um, rechten Laub, schnitten das Gras und belohnten sich mit einem großartigen Sonntagsessen.

Die Familie war mit den Jahren größer geworden, Nesto hatte eine scheue Polin geheiratet, und Ingrid hatte zwei Töchter und war inzwischen geschieden.

Britta hatte ihr Medizinstudium beendet und war überwiegend in Afrika tätig. Aber in diesem Jahr war sie rechtzeitig zum Herbstfest nach Hause gekommen und hatte für das Mittagessen gesorgt, das wie alljährlich aus einer üppigen Fischsuppe bestand.

Jetzt spülte sie in der alten Küche das Geschirr. Es dämmerte schon, aber draußen waren die Gartengeräte noch immer im Einsatz, und der laute Rasenmäher zog seine Runden.

Als der letzte Kochtopf abgewaschen war, schaltete Britta das Radio an und blieb wie versteinert stehen. Doch nach wenigen Sekunden hatte sie sich gefasst, rannte ins Freie und schrie: »Kommt! Kommt augenblicklich alle ins Haus!«

Es war schwierig, sich bei Nesto Gehör zu verschaffen, der Rasenmäher machte zu viel Lärm. José schaltete den Motor kurz entschlossen aus und zerrte seinen Bruder hinter sich her. Nun standen sie in der Küche und hörten im Radio erregte Stimmen aus London.

Inge würde sich dieser Szene für alle Zeiten wie an einen Filmausschnitt erinnern, in dem das bewegliche Bild zu Eis erstarrt war. Sieben Menschen, damit beschäftigt, ihre Stiefel auszuziehen, wurden in den verschiedensten Stellungen zu Skulpturen. Als sie sich endlich wieder bewegen konnten, hatten sie die unglaubliche Wahrheit begriffen: Pinochet war in England festgenommen und des Völkermordes und des Verbrechens gegen die Menschenrechte angeklagt worden.

»Schaltet das Fernsehen an!«, rief Nesto.

Inge gehorchte, aber es gab keine Nachrichten.

»Moment!«, sagte sie und bekam BBC herein.

Ingrid und Britta übersetzten abwechselnd ins Schwedische. Die Journalisten berichteten anhand alter Archivaufnahmen über Pinochet, der wegen einer Rückenoperation nach London gekommen war. Jetzt hatte der spanische Untersuchungsrichter Baltasar Garzón sich mit dem Begehren an die Briten gewandt, Pinochet an Spanien auszuliefern, um ihm dort den Prozess zu machen.

Garzóns Anklageschrift ist eine erschütternde Lektüre, so der Kommentator. Es ist eine Studie über Grausamkeit und Erniedrigung, in der Tausende Zeugen sachlich und juristisch einwandfrei über grauenhafte Erlebnisse berichten.

Fünftausend Menschen wurden getötet oder sind einfach verschwunden, über dreihunderttausend wurden gefangen genommen und viele von ihnen gefoltert. Fast eine Million wurde zur Flucht außer Landes gezwungen.

Die chilenischen Indianer, das Volk der Mapuche, wurde besonders hart getroffen. Ebenso Gewerkschaftsmitglieder, Lehrer, Studenten. Und Geistliche, die sich auf die Seite der Demokratie gestellt hatten. Sie wurden in bestialischer Weise sexuell erniedrigt. Zwei Bischöfe, ein Katholik und ein Lutheraner, waren zur Audienz bei Pinochet vorgelassen worden, der die kirchlichen Würdenträger kurz zu Marxisten erklärte. Also mussten sie gefoltert werden, um auszusagen, und getötet werden, um dieses Übel ein für alle Mal auszurotten.

Die Zeugenaussagen der beiden Bischöfe waren in der spanischen Anklageschrift festgehalten worden.

In einigen Berichten wurde von der Villa Grimaldi in Santiago gesprochen, in der es ein ausgeklügeltes Instrumentarium und die hervorragendsten Folterspezialisten gab.

Inge versagte die Stimme, als sie zu sprechen versuchte: »Dort ist Matilde von Hunden vergewaltigt worden.«

In den Anklageakten waren Namen angeführt, es gab lange Listen von Hingerichteten, in den ersten Tagen nach dem Putsch waren es achtundfünfzig, in den nächsten Tagen kamen noch achtundsechzig dazu.

Und danach immer noch mehr.

BBC berichtete weiter über die Terrormorde an Allendes Getreuen in der ganzen Welt, eine Autobombe in den USA, Morde auf offener Straße in Argentinien, ein Sprengstoffattentat in Rom.

Die Sendung schloss mit einem ausführlichen Bericht darüber, wie Pinochet ein Amnestiegesetz für alle Menschenrechtsvergehen erlassen hatte.

In Chile würde er nicht verurteilt werden.

Im Moment, als sie das Fernsehen ausschalteten, erblickte Ingrid Lars-José. Seine Augen waren schwarz vor Angst.

»Jetzt trinken wir eine Tasse Kaffee«, sagte sie rasch.

»Meine Mama wird wohl auch eine wollen«, sagte der Siebzehnjährige.

»Na klar. Komm, Kristina.«

Sie saßen um den Küchentisch, als Ingrid sagte: »Es ist wie im Märchen. Jetzt haben die Menschen den schrecklichen Drachen endlich besiegt.«

Lars-Josés Lächeln war unsicher, es kam gleichsam gekrochen. »Also ist jetzt alles gut?«

»Ja, das will ich von ganzem Herzen hoffen.«

»Ich bin müde«, sagte der Junge.

»Das sind wir auch«, sagten die kleinen Mädchen, von denen jede ein Glas Saft vor sich stehen hatte.

»Legt euch oben ins Bett. Du auch, Kristina.«

Ingrid ging mit ihnen die Treppe hinauf und deckte die Kinder zu.

»Du übernachtest wohl am besten auch hier«, flüsterte Ingrid, als sie sah, wie blass Lars-José immer noch war.

»Ist gut.«

In der Küche filterte Britta frischen Kaffee und holte eine Flasche Kognak aus dem Schrank. Und alles, was das Haus an Gebäck zu bieten hatte. Inge und Mira saßen auf dem Sofa eng beisammen, Inge legte Mira den Arm so wie früher um die Schultern. Und wieder einmal bekam sie zu spüren, dass es ein Fehler war.

Als sie aufbrachen, sagte Mira: »Daraus wird nichts. England wird ihn nie ausliefern.«

»Egal, wie es weitergehen wird, es ist jedenfalls von großer symbolischer Bedeutung«, sagte Britta.

Mira schnaubte vernehmlich, jeder konnte hören, was sie von Symbolen hielt. Dann gab sie Inge fast feierlich die Hand und bedankte sich für die großartige Bewirtung.

»Ich komme morgen wie üblich«, sagte sie zum Abschied.

Nesto fügte hinzu, es sei doch klar, dass sie die Gartenarbeit fertig machten.

»Zurück in die Wirklichkeit«, sagte er, und es klang wie ein Leitgedanke.

José ging nach oben, um seine schlafende Familie zu holen. Als sie alle die Treppe herunterkamen, sagte Kristina: »Diese Ingrid ist ein Engel.«

»Ja«, sagte José. »Vor solchen muss man sich in Acht nehmen.«

»Warum das?«

»Ja, weißt du, sie sind auf dieser schrecklichen Erde nicht wirklich zu Hause.«

Die Chilenen verabschiedeten sich kleinlaut und verlegen. Weder Inge noch ihre Töchter fanden Worte des Trostes.

Und das Schweigen lastete schwer auf dem Reihenhaus und auch auf den Autos, die durch die Dunkelheit heimwärts fuhren.

Marianne Fredriksson
Hannas Töchter
Roman
Aus dem Schwedischen von Senta Kapoun
Band 14486

Als Anna ihre fast 90jährige Mutter Johanna im Pflegeheim
besucht, ist diese nicht mehr ansprechbar. Anna ist zugleich
traurig und wütend. So viele Fragen möchte sie noch stellen, so vieles möchte sie noch wissen über das Leben ihrer
Mutter Johanna und ihrer Großmutter Hanna. Wie ist es
gewesen vor fast hundert Jahren auf dem Land, als Hanna
mit ihrem unehelichen Sohn Ragnar den Müller Broman
heiratete? Wieso konnte sie sich später nie an das Leben in
der Großstadt Göteborg gewöhnen? Wie hat sich ihre Mutter gefühlt, als der Vater starb, und warum hat sie niemals
rebelliert gegen ihr tristes Hausfrauendasein?

Jetzt ist es zu spät, all diese Fragen zu stellen. Anna – Tochter
und Enkelin – begibt sich allein auf die Reise durch das Leben
ihrer Mutter und Großmutter und findet mit Hilfe ihrer
Aufzeichnungen Zugang zum Leben ihrer Vorfahren und
vor allem zu sich selbst. Marianne Fredriksson hat ein span-
nendes Buch über die Liebe geschrieben, in dem sie die drei
einprägsamen Lebenslinien von Anna, Hanna und Johanna
durch hundert Jahre schwedische Geschichte nachzeichnet.

Fischer Taschenbuch Verlag

fi 14486 / 1

Marianne Fredriksson
Simon
Roman
Aus dem Schwedischen von Senta Kapoun
Band 14865

Simon wächst als Adoptivkind von Karin und Erik, der Schiffsbauer und Arbeitersohn ist, in einem Haus an der Küste vor Göteborg auf, dort wo der Fluss ins Meer mündet und ein Eichenwald die Landschaft verzaubert. Aber es ist eine unsichere und angsterfüllte Zeit, denn der Zweite Weltkrieg steht kurz bevor. Karin, eine warmherzige und kluge Frau, deren Tür für alle immer offen steht, tröstet und hilft so gut sie kann und nährt, wie auch ihr Mann, den Glauben an das Gute.

Simon stammt aus einer heimlichen Verbindung von Eriks Cousine mit einem verschwundenen jüdischen Musiker aus Deutschland. Um den Jungen zu schützen, verschweigen Karin und Erik ihm seine wahre Geschichte. Doch Simon ist sehr sensibel und meint, er habe die Sorgen, die er in den Augen seiner Mutter lesen kann, verschuldet. Und so begibt er sich auf eine Suche, die ihn bis zu den Ursprüngen bringt … .

Fischer Taschenbuch Verlag

Marianne Fredriksson
Maria Magdalena
Roman
Aus dem Schwedischen von Senta Kapoun
Band 14958

Mit ihrem neuen großen Roman »Maria Magdalena« hat
Marianne Fredriksson ein ergreifendes und eindringliches
Buch über die Liebe geschrieben und den faszinierend
spannenden Blick für ein weibliches Christentum eröffnet.

»... das ergreifende Porträt einer
leidenschaftlichen und stolzen Frau.«
freundin

»Ein Liebesroman großen Stils ist denn auch
dieses Buch wieder geworden, ›Hannas Töchter‹
und ›Simon‹ ebenbürtig.«
Helma Bemmann, Berliner Morgenpost

Fischer Taschenbuch Verlag

fi 14958 / 1